ERICH PONTO

Für Siggi

Hansjörg Schneider

ERICH PONTO

Ein Schauspielerleben

Henschel

Sie können uns 24 Stunden am Tag erreichen unter:
http://www.dornier-verlage.de
sowie http://www.henschel-verlag.de

Bildnachweis:

Ursula Richter, Dresden: S. 12 rechts, 39 rechts, 43, 50, 57, 58, 63; Reinhard Berger, Dresden: 12 links oben u. unten, 78, 83 rechts, 85; Lothar Kaster, Dresden: 109 rechts; Jutta Landgraf, Dresden: 110; Foto Erfurth, Dresden: 35; Carl G. Springer, Reichenberg: 28; Foto Fischer, Köln: 103; Foto Hecht, Berlin-Schöneberg: 87 rechts; Madeline Winkler, Stuttgart: 124; Dorothee Heyden: 122 rechts; Sächsische Landesbibliothek, Staats- und Universitätsbibliothek Dresden, Abt. Deutsche Fotothek: 109 links; Staatstheater Dresden: 18, 39 links, 59, 67, 79, 107, 119; Bertolt-Brecht-Archiv der Stiftung Akademie der Künste Berlin-Brandenburg: 54; Staatstheater Stuttgart: 125, 128, 129; Archiv Eva Doering-Ponto: 2, 20, 83 links, 90, 95, 98, 106, 120, 122 links, 133, 139, 152, 156; Archiv des Autors: 26, 34, 47, 84, 87 links, 99

Die Deutsche Bibliothek – CIP-Einheitsaufnahme
Ein Titeldatensatz für diese Publikation ist bei
Der Deutschen Bibliothek erhältlich.

ISBN 3-89487-364-7

Das Buch erscheint mit freundlicher Unterstützung
der Kulturstiftung Dresden der Dresdner Bank.

Die Schreibweise entspricht den Regeln der neuen Rechtschreibung.

Lektorat: Mechthild Frick
Umschlaggestaltung: Morian & Bayer-Eynck, Coesfeld
Umschlagfoto: Erich Ponto (Foto: Edith Heerdegen)
Satz und Gestaltung: Typografik & Design – Ingeburg Zoschke
Druck und Bindung: Druckhaus »Thomas Müntzer«, Bad Langensalza
Printed in Germany

Gedruckt auf alterungsbeständigem Papier mit chlorfrei
gebleichtem Zellstoff

Inhalt

Vorwort

Erich Ponto hat seinen Nathan nicht nur geschaffen, er muss selber ein Weiser gewesen sein. Ich habe ihn als einen Menschen erlebt, der ein Vorhaben aufs Äußerste konzentriert durchführte. Große Worte machen war nicht seine Sache. Jedes Wort schien ihm kostbar und wollte gewogen werden. Sprache war seine Musik, mit deren Hilfe er durch seine einzigartige Darstellungskunst seinem Publikum den Spiegel vorzuhalten verstand.

Ein Satz aus dem vorliegenden Buch über die Kunst Erich Pontos hat mir ganz besonders gefallen. Nämlich, dass er die Kunst beherrschte, sich selber voll zauberischer Kraft spöttisch ins lächelnde Antlitz zu schauen.

Dies ist eigentlich die unbedingte Voraussetzung dafür, dass ein großer Menschendarsteller, um die Schwachheit der Menschen besorgt, über sich selber weit hinauswachsen und alle Nuancierungen in Tönen und Nebentönen vollendet darstellen kann.

Dabei muss Erich Ponto von größter Eigenart gewesen sein, da er die ihm innewohnende, hintergründige und ausgeprägte Kraft der Komik in eben allen Schattierungen präsentieren konnte. Dies wird auch unterstrichen von seinem Repertoire, das unerschöpflich scheint.

Der Kauz in ihm und der Schalk, aber eben auch Weisheit, Neugier und tiefer Ernst machten den kleinen Mann zu einem ganz Großen.

Seine Leidenschaft zur Darstellung wurde zu einer Beglückung und Bereicherung für alle, die ihn an den vielen Aufführungsorten erleben durften.

So spricht man noch heute mit größter Bewunderung und Verehrung von Erich Ponto, dem Toleranz und Liberalität viel bedeuteten.

Dieses Buch soll an den großen Charakterdarsteller erinnern und sein Wirken nachvollziehen. Es ist ein Glück, dass Hansjörg Schneider in Zusammenarbeit mit Eva Ponto, der Tochter des Schauspielers, uns allen, die am Theater interessiert sind, das Buch zum Geschenk macht.

Ignes Ponto
Stellvertretende Vorsitzende der
Jürgen Ponto Stiftung, Frankfurt/Main

Zum Geleit

»Auch wenn die Zeit seiner Dresdner Intendanz nur kurz war
[...] bedeutet seine schauspielerische Arbeit insgesamt für
Dresden einen außergewöhnlichen Glücksfall und auch für
den Wiederbeginn nach 1945 einen bleibenden Gewinn für
das Ensemble« – so der heutige Intendant des Staatsschauspiels Dresden, Prof. Dr. Dieter Görne, über Erich Ponto. Er
würdigt damit nicht nur die künstlerischen und persönlichen
Qualitäten des Schauspielers, sondern hebt die Bedeutung des
großen Mimen für die Stadt Dresden und deren Bürger hervor.
Aus diesem Grund hat die Kulturstiftung Dresden der Dresdner Bank gerne das vorliegende Buch unterstützt. Die Stiftung
fördert kulturelle, städtebauliche und wissenschaftliche Pro-
jekte, die unmittelbar den Dresdner Bürgern zugute kommen.
Aber nicht nur diese Zielsetzung hat uns zur Beteiligung be-
wogen, sondern auch die familiäre Bindung, die zwischen
Erich Ponto und Jürgen Ponto, dem 1977 von Terroristen der
RAF ermordeten ehemaligen Vorstandssprecher der Dresdner
Bank, besteht. Viele Gemeinsamkeiten weist Erich Ponto mit
seinem Neffen auf: Beide waren der Kultur aufs Engste verbunden, Erich Ponto in der darstellenden Kunst, Jürgen Ponto
in der Musik; beide besaßen eine persönliche Verbundenheit
zu Dresden, für Erich Ponto als bedeutender Stätte seines
Schaffens, für Jürgen Ponto als Heimatstadt seiner Bank,
deren kulturelles Engagement er entscheidend geprägt hat.

Jürgen Ponto konnte in seiner Amtszeit die Basis für eine
mäzenatische Kulturförderung der Dresdner Bank legen, die
heute noch Gültigkeit besitzt. Noch im Jahr seiner Ermordung
gründeten Frau Ignes Ponto und die Bank die Jürgen Ponto-
Stiftung zur Förderung junger Künstler, die in den Bereichen
Musik, bildende Kunst, Literatur, Architektur und darstellende
Kunst Jürgen Pontos Engagement in seinem Sinne weiterführt.
Mit der Gründung der Kulturstiftung Dresden unmittelbar

nach dem Fall der Mauer bekannte sich die Dresdner Bank zu ihrer gesellschaftlichen Verantwortung in der Kultur und damit erneut zum mäzenatischen Leitgedanken der Jürgen Ponto-Stiftung und ihrem Namensgeber.

Kulturstiftung Dresden der Dresdner Bank

Wie wird man ein großer Schauspieler?
Indem man sich dreimal befreit:
erstens von einer falschen Sicherheit,
zweitens von der Unterwerfung unter die
Aktualität und drittens
von den eigenen Eitelkeiten.
Was dann bleibt, das ist ein festes Ich,
das sich den Visionen der Kunst hingibt,
ohne sich zu verlieren.
Am Anfang freilich steht die Gnade.
Wenige haben sich ihrer so würdig erwiesen
wie Erich Ponto.

Siegfried Melchinger (1965)

Ein Schauspieler mit vielen Gesichtern:

Smolk von Brake
(*Lilofee*)

Rappelkopf
(*Der Alpenkönig und
der Menschenfeind*)

Holzapfel
(*Viel Lärm um nichts*)

Ein Schauspieler mit vielen Gesichtern

Man bezeichnete ihn als Darsteller des Unauffälligen, das er auffällig zu machen verstand, als Meister leiser Töne und behutsamer Gestaltung. Man war beeindruckt von seiner Wandlungsfähigkeit und künstlerischen Spannweite, die die gegensätzlichsten Rollen umschloss, und man bewunderte seine schauspielerische Genauigkeit, die keine Halbheit zuließ und auch in den kleinsten Rollen das ganze Leben einer Figur gab – eben ein Menschenschicksal. Die vielleicht treffendste Charakterisierung dieses ›Spitzwegs des Theaters‹, wie er auch genannt wurde, stammt von dem Regisseur Gustav Rudolf Sellner, der von Erich Ponto sagte: »Er ist die große Stille, die leuchtet.«

Pontos Gestaltungsvermögen war nahezu unbegrenzt. Immer wieder überraschte er selbst bei Rollen, die man zu kennen glaubte, mit neuen Interpretationen, Nuancen und Farben. Bösewichtern und Schurken wusste er eine menschliche Seite abzugewinnen, komischen Käuzen tragische Züge mitzugeben. Auch die Edlen verhielten sich nicht ganz untadelig. Solcher Art angereicherte Bühnenfiguren waren alles andere als Theatertypen; sie waren dem Leben abgelauschte und nachgebildete Gestalten. Ponto verstand sich auf die blutvoll-differenzierte Durcharbeitung von Rollen, was ihm schon in seiner Anfängerzeit Lob und Anerkennung einbrachte. Dieser kleine Mann mit dem leicht zur Seite geneigten Kopf war in der Tat ein Schauspieler seltener Art. Nichts deutete äußerlich auf den Bühnenkünstler hin, weder seine Kleidung noch sein Gebaren. Bescheiden und zurückhaltend verabscheute er großes Gewese und Allüren, ohne die manche seiner Kollegen nicht auszukommen schienen. Für ihn zählten Fleiß, Disziplin, Verlässlichkeit und ein hohes Berufsethos, das die Vokabel ›Selbstdarstellung‹ nicht kannte. Schauspieler zu sein bedeutete ihm Verpflichtung: der Kunst, dem dichterischen Werk, dem Theater und dem Publikum gegenüber. Wiederholt ist es in seiner Laufbahn vorgekommen, dass er wegen Vorstellungen Filmangebote ausschlug. Theater hatte für ihn stets Priorität. Auch gab es seinetwegen kaum Spielplanänderungen, obwohl er sich manches Mal – von Arthrose geplagt – buchstäblich ins Theater schleppte. Mit diesem Darsteller konnte man rechnen. Und das wussten die Regisseure in Dresden und Berlin und später in Stuttgart, München, Göttingen und Wuppertal. Ponto sorgte immer für Kredit, für sehr hohen künstlerischen und menschlichen Kredit.

Ihm ein Rollenfach zuordnen zu wollen, ist ein müßiges Unterfangen. Seinen vielen Chargen, denen er Gesicht und Gewicht gab, steht eine nicht minder große Anzahl an stücktragenden Rollen gegenüber, die die Bezeichnung ›Chargenspieler‹ unzutreffend erscheinen lassen. Und auf welches Fach wäre er auch festzulegen? Charakterspieler etwa, was Franz Moor, Mephisto, Richard III. nahe legen? Oder Komiker bzw. Charakterkomiker, worauf Dorfrichter Adam, Rappelkopf (*Der Alpenkönig und der Menschenfeind*), Holzapfel (*Viel Lärm um nichts*), Molières Geiziger und eingebildeter Kranker oder Schneider Wibbel hindeuten? Und wo blieben bei einer solchen Klassifizierung Nathan der Weise, der Puck im *Sommernachtstraum*, der Wann in Gerhart Hauptmanns Glashüttermärchen *Und Pippa tanzt* sowie die ganze Skala der geistlichen Würdenträger, mit denen er immer wieder besetzt wurde, deren Menschlichkeit, Güte, Toleranz, Geduld und Verständnis eine Seite seines Wesens zu offenbaren scheinen und die nicht weniger charakteristisch für sein Künstlertum sind?

In einer Zeit, in der es noch Fachverträge an den Theatern gab, auf die sich ein Darsteller berufen und von denen er Rollen- bzw. Rechtsansprüche ableiten konnte, verkörpert Ponto den Typ eines ›Schauspielers nach Individualität‹. Und das zeit seines Lebens. Dieser Menschengestalter war in das Schaffen so verliebt, dass er keinen Unterschied machte zwischen einer dominierenden Rolle und einer Episode. Auch gab er Figuren in der Operette so gewissenhaft wie klassische Aufgaben. Und er spielte für Kinder mit der gleichen Hingabe und Ernsthaftigkeit wie für Erwachsene. Die Bühnenkunst in ihren vielfältigen Facetten: Ponto betrachtete sie als Einheit.

Fragt man bei einem bedeutenden Schauspieler wie ihm nach Vorbildern, so lassen sich aus seinen Äußerungen drei Namen herauslesen, die für seine künstlerische Entwicklung ohne Zweifel von Bedeutung waren: Im Hamburger Stadttheater erlebte er Paul Wegener, der ihn – wie er bekennt – »immer wieder in helle Begeisterung versetzte. Er brauchte nur stumm über die Bühne zu schreiten, und schon war er der beherrschende Mittelpunkt.« Bei Alois Wohlmuth, dem Münchner Hofschauspieler, den er als Gast im Bonner Theater als Tartuffe erlebte, bewunderte er »die feine Durcharbeitung, die glänzende Kleinmalerei, mit der dieser vortreffliche Charakterspieler seine Figuren ausgestaltete«. Und in München fesselte ihn Albert Bassermann als Kollege Crampton, dem er am Ende seines dreijährigen Düsseldorfer Engagements 1914 noch einmal am dortigen Stadttheater in dieser Rolle begegnen sollte. Bassermanns künstlerisches Credo: Wahr sein mit Leib und Seele, wurde auch sein Leitspruch. Und die bei Wegener und Wohlmuth bewunderten künstlerischen Qualitäten kennzeichneten auch ihn. Das detaillierte Ausschmücken einer Figur gehörte ebenso dazu wie die Fähigkeit, die Szene auch ohne Text zu beherrschen.

Pontos künstlerisches Wirken war eng mit Dresden verbunden. Von nahezu 50 Bühnenjahren widmete er 33 dem Dresdner Schauspielhaus, und sein Aufstieg zu »einem der bedeutendsten Schauspieler«, wie es im Theater-Almanach von 1946/47 hieß, vollzog sich in dieser Stadt. Ihm, dem gebürtigen Lübecker, der in München studiert hatte, war die Barockstadt an der Elbe ans Herz gewachsen. Und die Dresdner wiederum konnten sich ihr Schauspiel ohne Ponto nicht vorstellen. Ponto und Dresden, das war ein fester Begriff in der Theaterwelt. Dieser seltene Fall in der Theatergeschichte, wonach der Name eines Darstellers nicht nur mit einer Bühne in Verbindung gebracht wird, sondern auch mit einer Stadt, gehört zu

15

den Besonderheiten dieser Künstlerbiografie. Ein Beispiel dieser Verbundenheit gibt Paul Hoffmann, sein langjähriger Dresdner Kollege:»Viele, viele Rollen sind gemeinsam von uns auch alternierend geboten worden, z. B. haben wir Mephisto abwechselnd gespielt, wo die Geschichte passiert ist, die ich immer sehr gerne erzähle. Auf der Straßenbahnfahrt fragte mich ein Fahrer, der ja wie alle Leute in Dresden ein großes Interesse für das Theater hatte, ›Wer spielt denn heute abend den Mephisto, Sie oder der Ponto?‹ Ich sagte, nein, heute spiele ich. ›Ach so‹, sagte er, ›dann warte ich, bis der Ponto wieder spielt.‹«

Ponto begann am Königlichen Hoftheater, erlebte die Veränderungen, die die Revolution von 1918 mit sich brachte, die Jahre unterm Hakenkreuz und den Wiederbeginn nach dem Ende der Hitlerherrschaft. Er war Mitgestalter des Dresdner Theaterexpressionismus und des Zeittheaters der Neuen Sachlichkeit, die die Sächsischen Staatstheater durch bedeutende Uraufführungen wiederholt ins Blickfeld der überregionalen Öffentlichkeit und der Fachwelt rückten. Er spielte in den Zwanziger- und Dreißigerjahren erfolgreich in Berlin, ohne seine Dresdner Verpflichtungen und Bindungen aufzugeben, und er erlangte nicht zuletzt durch seine Filmtätigkeit mit einer Vielzahl von Käuzen, Sonderlingen und skurrilen Außenseitern große Popularität und Beliebtheit. Die Zeit nach dem Zusammenbruch des Hitlerstaates sieht ihn beim kulturellen Wiederaufbau der Stadt an verantwortlicher Stelle, bis er sich 1947 zum Weggang entschließt. Wie wäre solch ein umfassendes Wirken zu beschreiben ohne den zeitgeschichtlichen und lokalen Hintergrund? In der Tat ist Pontos langjähriges Dresdner Engagement auch ein Kapitel Dresdner Theatergeschichte.

Ponto hat in den 33 Jahren, die er in Dresden war, in rund 300 Stücken gespielt und damit das ganze damalige Repertoire so ziemlich ausgeschritten. Sein persönliches Rollenverzeichnis indes ist noch umfangreicher, denn es gab im Laufe der Zeit in nicht wenigen Stücken einen Rollenwechsel: Ausdruck seiner Vielseitigkeit wie seines künstlerischen Aufstiegs. Er begann 1914 als Flurschütz Stüssi im *Wilhelm Tell*; später verkörperte er den Attinghausen und den Pfarrer Rösselmann. In den *Räubern* spielte er den Spiegelberg, mit dem er 1913 auf Anstellung gastiert hatte, bevor er 1929 den Franz Moor übernahm. Im *Zerbrochenen Krug* stieg er vom Schreiber Licht zum Dorfrichter Adam auf, im *Hamlet* vom Osrick über den Ersten Totengräber zum Polonius, in *Nathan der Weise* vom Klosterbruder zur Titelfigur und im *Faust* vom Handwerksburschen über den Famulus Wagner zum Mephisto. Die Beispiele ließen sich beliebig vermehren, wobei offensichtlich ist, dass manche künstlerische Aufgabe seines Kollegen Alfred Meyer nach dessen Tod 1929 auf ihn überging, wie Niebergalls *Datterich* etwa, der Holzapfel in *Viel Lärm um nichts* (nachdem er zuvor neben Meyer den Schlehwein gespielt hatte) oder später der Piepenbrink in Gustav Freytags Lustspiel *Die Journalisten*. Bei dieser Entwicklung dienten klassische Rollen wie moderne gleichermaßen als Sprossen auf der Leiter nach oben.

Ponto gehörte in Dresden zu den populärsten Darstellern. Kein anderer Schauspieler war so bekannt und beliebt wie er. Und dieser Status war nicht erworben durch Anbiederung oder Präsenz ›auf allen Hochzeiten‹. Im Gegenteil. So wenig wie er über seine Filme sprach, die zu seiner Popularität wesentlich beitrugen, so wenig schmückte er sich mit erfolgreichen Auftritten. Leistung galt ihm als Selbstverständlichkeit. Darüber musste man kein Wort verlieren. Auch nicht über die vielen Einsätze, die er neben seiner Theatertätigkeit absolvierte, für die Rote Hilfe, die Pensionskasse der Schauspieler oder zu Betriebsveranstaltungen, wie 1915 für die Kinder des technischen Personals der Hoftheater, wo er den launigen Weihnachtsmann gab. In Erinnerung ist auch eine Wohltätigkeitsveranstaltung in einem Dresdner Warenhaus, wo Ponto – mit Textanleihen aus Gerhart Hauptmanns *Schluck und Jau* – in der Abteilung Herrenartikel auftrat. »Erich Ponto verkauft Krawatten«, so ein Augenzeuge. »Wie ein Rattenfänger lockt er die Menge. Keiner entgeht ihm (…) ›Herrschaften, die Krawatte müßt ihr euch kaufen! Die schillert wie der Regenbogen. Jingerla, Jingerla, jetzt ufgepaßt!‹ und er bemüht sich einen Knoten zu binden. ›Halt, Jingerla, Jingerla, ufgepaßt, asu kumma mir nich zupasse mitnander …‹ Dabei verdreht er den

Kopf, blickt verwundert auf die lachende Kundschaft, ist brennender Anpreiser und Verkäufer, ist der große Mime, der die Welt um sich vergißt und nur seine Rolle lebt, die ihm wirkliches Leben wird.« (Johannes Reichelt) Veranstaltungen für einen guten Zweck: Auf Ponto konnte man trotz seiner häufigen Überbeanspruchung zählen. Er verweigerte sich auch nicht, wenn es um gewerkschaftliche oder berufsgenossenschaftliche Verpflichtungen ging. In seinem Reichenberger und Düsseldorfer Engagement war er Schriftführer der Genossenschaft Deutscher Bühnenangehöriger. In Dresden gehörte er nach 1918 zum Künstlerrat im Schauspielhaus. Und am Theater in Göttingen baute er nach dem Zweiten Weltkrieg den Lokalverband der Genossenschaft auf. Ponto, der Genossenschaftler: Auch diese Seite seiner Persönlichkeit gehört zum Bild des großen Schauspielers.

Erich Ponto hat in seinem Leben erreicht, was ein Schauspieler nur erreichen kann: immer während Beschäftigung, reizvolle künstlerische Aufgaben, Erfolg, Anerkennung, ja Berühmtheit. Doch er sonnte sich nicht in diesem Glanz. In einem Brief an seine Tochter Eva aus dem Jahre 1948 heißt es: »Es gibt Augenblicke, kurze, wo ich mir wünsche, so jung zu sein wie Du und ich würde, wenn es möglich wäre, alle Wege und kleinen Umwege noch einmal genau so machen, und das wäre auch, glaube ich, die einzige Gewähr dafür, daß ich ohne ›Ruhmsucht‹ wieder da ankommen würde, wo ich heute bin. Das schließt natürlich nicht aus, daß ich die Annehmlichkeit, ›berühmt‹ zu sein, schon empfinde – aber sie zur Schau zu tragen, muß ich schon andern überlassen.«

Dieses schöne und schlichte Bekenntnis könnte diesem Buch auch als Motto voranstehen.

Ein Pillendreher wird Komödiant

Die Pontos stammten aus Norddeutschland und waren Kaufleute. Großvater Heinrich Ponto hatte ein Manufakturwarengeschäft in Lübeck am Markt, das auf seinen Sohn Ludwig überging. Fünfzehn Jahre nach dessen Eheschließung mit Ida Albers aus Reinfeld kam am 14. Dezember 1884 als jüngstes von vier Kindern Erich Johannes Bruno in Lübeck zur Welt. Über Erich Pontos Vater weiß Robert, der ältere Bruder des Schauspielers, zu berichten: »Mein Vater war besonders in Geldsachen überaus korrekt und dieserhalb in allen Fragen auch von der Kundschaft sehr geschätzt.« Und Erich Ponto ist erinnerlich: »Vielleicht habe ich vom Vater her den Sinn für das Humorvolle, denn obwohl er als Kaufmann durchaus praktisch eingestellt war, besaß er doch eine heitere Ader und erfreute sich großer Beliebtheit wegen seiner drolligen Art zu erzählen. Er war imstande, eine ganze Gesellschaft stundenlang auf das amüsanteste zu unterhalten.«

Mutter Ponto wird von Bruder Robert als »eine heitere Natur« bezeichnet, die gern das Lübecker Theater und Konzerte besuchte und »später immer Erich auf allen Wegen der Schauspielkunst intensiv gefolgt« ist. »Mit ihren Freundinnen hatte sie einen Lesekreis gegründet, der besonders Fritz Reuter bevorzugte.«

Wirtschaftlich waren die Pontos nicht auf Rosen gebettet, und Mutter Ponto »nähte für uns Kinder bis zur Schulausbildung die Anzüge und Unterwäsche und teilweise auch die eigene Bekleidung selbst« (Robert Ponto). Trotz Sparsamkeit in allen Dingen konnte Ludwig Ponto sein Geschäft auf die Dauer nicht halten; die neuen Warenhäuser bildeten eine zu starke

Konkurrenz. Er zog mit der Familie nach Hamburg, wo er eine Tätigkeit als Buchhalter in einer Versicherungsgesellschaft fand. Das war 1889. »Da in der Freien und Hansestadt die Steuern niedriger waren als im benachbarten preußischen Altona, wohnten wir auf hamburgischem Gebiet, in Eimsbüttel. Da aber andererseits das Schulgeld in Preußen niedriger war als in Hamburg, besuchte ich die Mittelschule in Altona; mein Vater dachte eben sehr kaufmännisch.«
(Erich Ponto)

1895 – Erich Ponto war gerade zehn geworden – starb sein Vater. Der Junge bekam einen Vormund, auf dessen Anraten er seine Ausbildung auf einem Realgymnasium fortsetzte und mit der Obersekunda abschloss, um den Beruf eines Apothekers zu ergreifen. Am Ende der dreijährigen Lehrzeit in einer Altonaer Apotheke – verbunden mit dem Besuch der Pharmazieschule – stand 1905 das Provisor-Examen, das er in Schleswig ablegte. Das anschließende praktische Jahr absolvierte er in Beuel am Rhein, gegenüber Bonn. Die gewonnene Freiheit – »Zum erstenmal kam ich damit von zu Hause fort, lernte andere Menschen und Verhältnisse kennen« (Erich Ponto) – konnte aber über die Abneigung gegen den Beruf nicht hinwegtäuschen. Einzig die Aufführungsbesuche im Bonner Stadttheater boten einen gewissen Ausgleich. Das berufliche Unbefriedigtsein blieb auch auf der Universität in München, und »selbst zwei so berühmte Wissenschaftler wie Röntgen und Baeyer vermochten nicht, mein Interesse für die Physik und die Chemie zu stärken«. Im zweiten Semester fiel dann die Entscheidung: Er sprach bei Hofschauspieler Alois Wohlmuth vor, wurde weiterempfohlen und erhielt Schauspielunterricht bei Hans Lackner. Seinen Entschluss umzusatteln teilte er Mutter und Vormund mit, die schließlich in den Berufswechsel einwilligten.

Über seinen Weg in die Kunst hat Erich Ponto ziemlich detailliert Auskunft gegeben: »Eigentlich hat sich bei mir schon frühzeitig der Hang bemerkbar gemacht, der auf den Schauspielerberuf hinwies. Als ich knapp fünf Jahre alt war, mußte ich auf Veranlassung der Mutter in der Weihnachtszeit kleine Verslein aufsagen, die sie verfertigt hatte. Ich wurde dann als Zwerg verkleidet, indem man mich in eine Kutte steckte und mir einen Flachsbart umhängte, und in dieser Aufmachung überreichte ich den Verwandten Geschenke, nachdem ich vorher das Sprüchlein vorgetragen hatte. Meine (...) älteren Brüder besaßen ein Puppentheater, mit dem sie oft kleine Vorstellungen gaben: Handlung und Dialog waren in kleinen Heftchen enthalten, die man für ein paar Pfennige kaufen konnte. Da gab es auch eine für solche Zwecke zurechtgestutzte Ausgabe des Faust, die, wie alle Faustdramen, mit einem Monolog begann: ›Ich bin ein grundgelehrter Mann und weiß, was in Tausenden von Büchern steht. Doch bei all meiner Gelehrsamkeit habe ich es doch zu nichts gebracht.‹ Ich hatte diesen Monolog oft von meinen Brüdern gehört, und so saß ich einmal vor dem Ofen auf dem Fußboden (...), hatte das bewußte Heft in den Händen, beugte mich über die Druckzeilen und tat so, als ob ich das alles schon lesen könnte, indem ich die im Gedächtnis haftengebliebenen Sätze sprach, wenn auch in freier Behandlung der Form: ›Doch bei all meiner Gelehrsamkeit habe ich es zu doch nichts gebracht.‹ Dies war, da für mich Beruf und Erlebnis eins sind, vermutlich die erste berufsmäßige Betätigung (...)

Als wir in der Schule die Klassiker durchgingen, verstärkte sich bei mir der Drang, das, was wir lasen, auch darzustellen, beispielsweise ›Wallensteins Lager‹. Ich tat mich mit zwei

21

Klassenkameraden zusammen, um diesen Plan zu verwirklichen. ›Wallensteins Lager‹ mit seinem Massenaufgebot an Personal mit drei Mann aufzuführen – ich übernahm den Trompeter und die Aufwärterin – das war eine Idee, die eben nur so jugendlichen Hirnen entspringen konnte! In einem leerstehenden Laden am Altonaer Fischmarkt sollte die Sache vor sich gehen. Wir fanden dort einen abgelegten Weihnachtsbaum, der zur Belebung der Szenerie bestimmt wurde, dann aber beschäftigte uns das Problem, wie wir einen Vorhang anbringen konnten, um eine Teilung des Ladens in Bühne und Zuschauerraum zu erreichen. Über dieser Frage schlief die ganze Angelegenheit ein, zumal auch der Baum seine letzten Nadeln verloren hatte.«

Auf dem Realgymnasium wirkte Ponto des Öfteren bei musikalisch-deklamatorischen Aufführungen mit, und er bildete mit gleich gesinnten Schulfreunden einen literarischen Zirkel, »den wir in selbstironisierender Weise ›Klub der Genialen‹ nannten, aber auf Anraten eines der Väter bald umtauften, und zwar in ›Balderbund‹. Einmal in der Woche kamen wir zusammen und lasen mit verteilten Rollen bei belegten Broten und einer Flasche Bier klassische Werke. Am Jahrestag der Gründung unseres Bundes wurden auch Szenen aufgeführt, wobei wir uns von einem Maskenverleiher die phantastischsten Kostüme besorgten, – und dann gab es zwei Flaschen Bier! Schon damals interessierte ich mich in erster Linie für Rollen, die zum Charakterfach gehörten: Franz Moor, Octavio Piccolomini, Mephisto.«

Nachdem er in München den Apotheker an den Nagel gehängt hatte, begann sein Unterricht bei Hans Lackner, »der das rein Handwerkliche des Berufes vorzüglich beherrschte. Zunächst einmal führte er mich auf den richtigen Weg zurück, denn ich hatte es mir angewöhnt, Wohlmuth zu kopieren. Dann betrieb er mit mir eifriges Rollenstudium, so daß ich am Ende der zehnmonatigen Ausbildung über ein Repertoire von zwanzig Rollen verfügte. Mein Lehrer war auch darauf bedacht, daß ich das Theater nicht nur vom Zuschauerraum aus kannte; deshalb durfte ich im Schauspielhaus, den heutigen Kammerspielen, eifrig statieren. Das schwarze Loch des Zuschauerraumes, das Rampenlicht, die Nase des Feuerwehrmannes in der ersten Kulisse – das alles konnte mich nicht mehr irritieren, als später mein erstes richtiges Auftreten kam, denn da hatte ich mich in den Raum bereits eingefühlt. Für diese Statistentätigkeit gab es zwar kein Geld, sondern Bons auf Freibilletts; so sah ich auf diese Weise viele Aufführungen, lernte an ihnen, und für meine Freunde fiel auch manches Billett ab.

Eines Tages fragte mich mein Lehrer, ob ich mir zutraue, vertretungsweise die Rolle eines Dieners in dem Schwank ›Herkulespillen‹ zu spielen. Ich bejahte natürlich, zumal es sich nur um zwei kurze Auftritte handelte. Lackner paukte mit mir die Auftritte ein, setzte eine kleine Szenenprobe durch und ließ mich dann auf die Menschheit los. Die Sache verlief ohne Zwischenfall, nur in der einen Szene, wo ich eine witzige Bemerkung zu machen hatte, hörte ich plötzlich ein dumpfrollendes Geräusch, das aus dem schwarzen Loch des Zuschauerraumes kam. Ich stutzte zunächst, dann ging mir blitzartig der Gedanke durch den Kopf, daß dieses Geräusch vielleicht Lachen gewesen sein könnte, worauf ich sehr befriedigt war, denn ich hatte ja bewiesen, daß ich die Fähigkeit besaß, mich zu behaupten. Das ›Ereignis‹ wurde hinterher mit meinen Freunden, die unten im Parkett gesessen hatten, im Hofbräuhaus gehörig gefeiert. Ein Wermutstropfen allerdings fiel in den Freudenbecher: Mein Name war auf dem Programmzettel an verkehrter Stelle gedruckt worden (...)

Im Sommer 1908 veranstaltete das Hoftheater im Rahmen einer Kunstschau auf dem Ausstellungsgelände eine Reihe von Aufführungen. Das Ensemble bestand aus Mitgliedern dieser Bühne, während man für Chor und kleine Rollen junge Anfänger verpflichtete, darunter auch mich. So kam mein erster Vertrag zustande. Viel wichtiger war jedoch die Frage, ein Winterengagement zu erhalten. Gegen Ende September endlich machte mir durch die Bemühungen meines Lehrers ein Wiener Agent ein Angebot an das Stadttheater in Passau.«

Vom Provinz-
zum Hofschauspieler

Eine alte Schauspielerregel besagt, dass es nicht entscheidend ist, wo man beruflich anfängt, sondern wo man aufhört. Erich Pontos Bühnenlaufbahn begann in der Provinz. Er folgte damit dem Trend seiner Zeit, die es richtig fand, klein anzufangen, sich erst gründlich auszuprobieren, künstlerisch die Hörner abzustoßen, die eigene Linie zu finden, bevor der große Sprung gewagt werden kann. Passau und Reichenberg hießen Pontos erste Stationen; dazu kamen einige Sommerengagements, denn der reguläre Spielbetrieb an beiden Häusern – wie an den meisten Theatern dieser Größe – lief nur von Herbst bis Frühjahr. Danach mussten sich die Darsteller, wollten sie nicht ohne Einkommen bleiben, um eine entsprechende Sommersaison-Verpflichtung kümmern.

Nach zehnmonatiger Ausbildung und ausgerüstet mit einem Repertoire von zwanzig studierten, d. h. jederzeit abrufbaren Rollen, trat er sein erstes Engagement am Stadttheater Passau an, das mit einer Enttäuschung begann: »Nach dem Vertrag war ich als Schauspieler und Sänger – Sänger hieß soviel wie Chorverpflichtung für Oper und Operette – mit einer festen Monatsgage von 50 Mark und einem Spielhonorar von einer Mark, garantiert für zwanzig Abende im Monat, verpflichtet. Ich unterschrieb, sandte das Dokument zurück und wartete auf den Gegenvertrag. Am 30. September kam er, aber ich traute kaum meinen Augen, als ich die Bedingungen las. Die Gage betrug jetzt nur noch 45 Mark, und das garantierte Spielhonorar war gänzlich gestrichen worden. In einer Fußnote hieß es, daß die Direktion sich an den Vertrag nur gebunden hielt, wenn bis zum 29. September telegraphisch eine Zustim-

24

mung erfolgt wäre. Obwohl also diese Frist bereits überschritten war, depeschierte ich: Mit allem einverstanden!« (Erich Ponto)

Passau hatte 1908 etwa 18 000 Einwohner (so viel wie Pirna) und legte eine Spielzeit von sechs Monaten auf: vom 1. Oktober bis zu Palmarum (ähnlich wie das Stadttheater Pirna). Das Personal bestand aus 10 Herren, 8 Damen, einem Orchester von 20 Musikern, einem Kapellmeister, einem Regisseur für Trauerspiel, Schauspiel und Lustspiel und einem zweiten für Posse, Operette und Oper. Selbstredend waren beide Regisseure sowie der Intendant auch Darsteller. Der Chor – zahlenmäßig nicht genannt – scheint aus Aushilfskräften und dem engagierten Personal bestanden zu haben. (Das Stadttheater Pirna besaß vergleichsweise wenigstens 8 Choristen und 24 Musiker, auch wenn die zur Militärkapelle der Stadt gehörten.)

Die Arbeitsbedingungen waren wie an allen Häusern dieser Größenordnung schwer. Das Theater fasste 500 Personen. Wollte der Direktor wenigstens annähernd auf sein Geld kommen, musste immer etwas Neues geboten werden. Wöchentlich ein bis zwei Premieren war die Regel. Oft wurden Besetzungen – vor allem klassischer Stücke – anhand der eingereichten Repertoireverzeichnisse zusammengestellt, und Inszenierungen, wenn man davon überhaupt sprechen konnte, mit ein bis höchstens zwei Verständigungsproben auf das Publikum losgelassen. Diese Praxis basierte auf einem an fast allen Provinztheatern anzutreffenden ›ähnlichen‹ Spielplan, auf ähnlichen Strichen, ähnlichen Arrangements und Extempores bei Standardlustspielen und Operetten und ähnlichen oder doch zumindest verwandten Kostümierungen. Natürlich erleichterte sie das Gastieren und kurzfristige Rollenübernahmen und machte die unglaubliche Premieren- und Aufführungsdichte überhaupt erst möglich. Niemand stieß sich an den Produktionsbedingungen, schon gar nicht ein Anfänger wie Ponto. Er wollte spielen, und dazu bot sich immerfort Gelegenheit. »Es waren sogar sehr große Aufgaben, die man mir übertrug: Jago, Franz Moor, Nickelmann – also erste Rollen des Charakterfachs!« (Erich Ponto)

Das Stadttheater in Reichenberg/Nordböhmen

Am Ende der Passauer Saison schloss er über seinen Wiener Agenten ein Engagement als zweiter Charakterspieler an das Stadttheater Reichenberg/Nordböhmen ab, das die Spielzeit am 18. September 1909 eröffnete. Zuvor jedoch diente ein Sommerengagement in Nordhausen zur Überbrückung. »Wir spielten dort in einem Holzbau, der im Garten des richtigen Theaters lag – im ›Kleinen Haus‹ würde man heute sagen. Das Dach bestand aus Wellblech, und wenn während der Vorstellung einmal ein Gewitterregen niederging und die Tropfen auf das Blech trommelten, gab es einen Höllenlärm, sodaß niemand ein Sterbenswörtchen verstehen konnte.« (Erich Ponto)

Reichenberg bedeutete in vieler Hinsicht einen Schritt nach vorn. Die Stadt, damals etwa 46 000 Einwohner, besaß seit 1883 ein sehr schönes neues Theater, das 1000 Zuschauern Platz bot. Das gesamte Personal war um ein Mehrfaches größer als in Passau. 12 Herren und 10 Damen zählte das Schauspielensemble. Für Oper und Operette standen 10 Herren und 8 Damen zur Verfügung, der Chor umfasste 13 Herren und 13 Damen, und das Orchester hatte 28 Mitglieder, die bei Opernaufführungen entsprechend verstärkt wurden. Reichenberg galt als führendes sudetendeutsches Theater, das eine intensive Opernpflege betrieb und in dessen Repertoire die Werke Richard Wagners und bald auch die von Richard Strauss Eingang fanden. In der Spielzeit 1912/13 erzielte der *Rosenkavalier* in drei Monaten 15 ausverkaufte Häuser. Das theaterfreudige Reichenberger Publikum sollte Erich Ponto sehr bald zu schätzen wissen. Sein Engagementsantritt im September 1909 verlief allerdings auch hier nicht glatt. Seine Antrittsrolle war der Machiavell in Goethes *Egmont*. Doch bei dieser einen Aufgabe blieb es nicht. Er musste für einen Kollegen einspringen und bekam in der Kritik die Quittung dafür: »Als Machiavell fiel Erich Ponto günstig auf, er sprach mit wohltuendem Verständnis. Daß er, wegen plötzlicher Erkrankung Hans Hansens, auch den Wilhelm von Oranien übernehmen mußte, war freilich vom Übel: dafür ist er nicht reif, auch wenn er genügend Zeit zur Vorbereitung gehabt hätte ...«

Den Vorwurf mangelnder Reife für bestimmte künstlerische Aufgaben musste er sich noch öfter gefallen lassen. Doch die örtliche Kritik entdeckte auch Pontos Stärken und Vorzüge, die ihn vor anderen auszeichneten. Über seinen Schiffsbauer Aune in Ibsens *Stützen der Gesellschaft* urteilte die Reichenberger Zeitung: »Eine köstliche Leistung! Der junge begabte Schauspieler entwickelt sich am hiesigen Stadttheater in vielversprechender Weise und hat als Episodist bereits prächtige Erfolge zu verzeichnen. Er scheint ein geborener Charakteristiker.« Eine feinsinnige Einschätzung seines Talents. (Achtzehn Jahre später wird Herbert Jhering Erich Ponto als meisterhaften Episodisten bezeichnen und dessen »ursprüngliche Verwandlungslust« rühmen.)

Was spielte Ponto in Reichenberg? Er hatte zwar einen Fachvertrag, doch mit dem waren nur wenige der ihm übertragenen Aufgaben abzudecken. Immer wieder wird er in Episodenrollen eingesetzt, ob im Lustspiel oder in der Operette, an der er so wenig vorbeikommt wie in Passau. Und wenn es dort die *Dollarprinzessin* von Leo Fall war, so ist es in Reichenberg Offenbachs *Orpheus in der Unterwelt*. Oft werden ihm ›Alte‹ anvertraut wie der Kammerdiener in *Kabale und Liebe* oder abermals der Nickelmann in Gerhart Hauptmanns Märchendrama *Die versunkene Glocke*.

Doch auch in Reichenberg unterliegen die Darsteller einer Produktionshektik, die ausgereifte Leistungen oft nicht zulässt. Als im April 1911 ein Benefizabend zugunsten des Chorpersonals gegeben wurde, hatte die Presse Veranlassung festzustellen: »Erich Ponto legte den Dr. Haake vortrefflich an, doch auch er bewegte sich mit Vorliebe in der Nähe des Souffleurkastens.«

Ein besonderer Erfolg wurde ihm als Narziss von Brachvogel zuteil. »Er zeigte vor allem Eigenart (...) Daß er während des ganzen Abends in einer tragenden Rolle zu interessieren vermochte, rechnen wir dem jugendlichen Charakteristiker besonders hoch an. Er wurde mit Beifall überschüttet.« Auch als Türkenkaiser in Theodor Körners pathetischer Tragödie *Zriny* wusste er zu überzeugen: »Die große, schwierige Charakterrolle des Soliman gab Erich Ponto mit überraschendem Erfolg. Ursprüngliches Talent und Eigenart halfen ihm über die Klippen hinweg, an denen die Darstellung leicht scheitert.« Unterstützung fand er hier wie in anderen Stücken bei Heinrich Orell, dem Oberspielleiter. »Der Regisseur, der mir wohlwollte und auf meine kleine Statur Bedacht nahm, war, soweit es sich ermöglichen ließ, stets bemüht, mich durch ein Podest oder eine Treppe höher zu placieren, damit ich größer wirkte«, berichtet Erich Ponto und lässt eine erheiternde Geschichte aus dieser Inszenierung folgen:

»Ich hatte mir beim Friseur einen schönen Vollbart aus Flachs ausgesucht, den ich für die Vorstellung in meiner Garderobe bereitlegte. Als ich aber abends ins Theater kam, war der Bart verschwunden und nirgends aufzufinden. Was blieb mir also übrig, ich mußte mir vom Friseur irgendein bartähnliches Gebilde ins Gesicht kleben lassen, und betrat dann verärgert die Bühne. Im vierten Akt nun, in der großen Sterbeszene des Soliman, als ich auf dem erhöhten Lager liege und meine Blicke im letzten Todeskampf nach oben schweifen, mache ich plötzlich eine überraschende Entdeckung. Die Wand hinter meiner Lagerstatt zierte ein Teppich, an dem Dolche, Säbel, Pistolen und auch ein Halbmond prangten. Und an dem einen Ende der Mondsichel sehe ich – meinen Vollbart. Der Requisiteur hatte ihn in Ermangelung eines Roßschweifes, der zu solch einem türkischen Halbmond gehört, einfach genommen, derweil ich verzweifelt nach ihm suchte! Wütend zog ich meinen Dolch, schleuderte ihn gegen den Begler Beg, der mir die Nachricht von der verlorenen Schlacht zu überbringen hat, und stürzte mit den Worten: ›Geh in die Hölle, Bube!‹ zusammen ...«

Nach der ersten Reichenberger Spielzeit nahm Ponto wieder ein Sommerengagement an, diesmal in Bad Elster. Es sollte ihm zu einer beruflichen Veränderung verhelfen. »In jenem Sommer in Bad Elster gastierte auch einmal die Salondame des Düsseldorfer Stadttheaters. Ich hatte an dem Abend mitgespielt, und eine Woche danach kam die Anfrage, ob ich als erster Chargenspieler nach Düsseldorf kommen wollte. Die Kollegin hatte ihren Direktor auf mich aufmerksam gemacht, und ohne mich überhaupt zu sehen, war er mit dem Engagementsangebot an mich herangetreten.« (Erich Ponto)

Zieht man Bilanz aus zwei Reichenberger Spielzeiten, so ist für Erich Ponto der künstlerische Ertrag erheblich. Er kam zu Rollen, die er zwar noch nicht ausfüllte, an denen er aber wachsen konnte. Nicht weniger als sieben künstlerischen Aufgaben wird er später in Dresden erneut begegnen und sie dann zu ausgereiften Leistungen machen wie den Wermelskirch (*Fuhrmann Henschel*), den Polonius (*Hamlet*) oder König Richard den Dritten, zu dem der Reichenberger Kritiker 1911 bemerkte: »Mit der Rolle des Richard sind die ruhmvollsten Namen der neuzeitlichen Schauspielkunst eng verknüpft. Fast jeder namhafte Charakteristiker hat an ihr seine Kraft erprobt; nur wenige haben den Charakter so tief erfaßt, daß der Eindruck des Verzerrten vermieden wurde. Hier hat ihn ein hochbegabter, aber sehr junger Darsteller gespielt: Erich Ponto. Er kann ein ausgezeichneter Richard werden, denn man darf ihm die Verwandlungsfähigkeit zutrauen, um Verruchtheit und liebenswürdigen Schein, das Grausame und Bestrickende, den Heuchler und den Dämon zu verschmelzen. Aber zu solch einer künstlerischen Tat gehört Reife, – die muß er sich erst erwerben ...« (Richard der Dritte wird später zu Pontos bedeutendsten Rollen zählen.)

Was sich schon frühzeitig zeigte, dass in Ponto »offenbar eine starke komische Kraft« steckt, wie ein Reichenberger Kritiker feststellte, sollte sich an damals gespielten Rollen ebenfalls in Dresden beweisen wie dem Grumio (*Der Widerspenstigen Zähmung*) oder dem Kapuziner (*Wallensteins Lager*). Und wenn Ponto ein so hinreißender Striese (*Der Raub der Sabinerinnen*) wurde, hat das vielleicht auch damit zu tun, dass er sich an dieser Rolle bereits 1910 in Reichenberg erstmals versuchen konnte.

Das folgende Engagement führte ihn für drei Jahre an das Stadttheater Düsseldorf. Der Wechsel von Nordböhmen an den Rhein war gleichzeitig der Wechsel in eine Großstadt mit der siebenfachen Einwohnerzahl von Reichenberg und mit mehreren Bühnen. Das Düsseldorfer Stadttheater, damals verbunden mit dem Stadttheater in Duisburg, legte eine neunmonatige Spielzeit auf und verfügte über ein ziemlich umfangreiches Personal, das die Aufführungen ›großer‹ Werke gestattete. 25 Solisten umfasste das Schauspiel, nahezu 30 das Sängerensemble. Mit 60 Choristen und einem Orchester von 60 Musikern waren auch anspruchsvolle Opern zu bewältigen. Betrachtet man den Spielplan, fällt die Dominanz der Oper gegenüber dem Schauspiel auf. Zu Saisonende 1912 gab es Maifestspiele mit einem Mozart-Zyklus, 1913 die Richard-Wagner-Hundertjahrfeier; Gastspiele berühmter Sänger – aus Dresden u. a. Margarete Siems, Eva Plaschke von der Osten, Friedrich Plaschke – begleiteten eine Spielzeit. In der Regel standen ca. 30 musikalische Werke im Repertoire, darunter

Verdi- und fast alle Wagner-Opern. Einen besonderen Platz nahm Albert Lortzing, der von 1819 bis 1821 als Darsteller an diesem Theater wirkte, zeitweilig mit vier Opern ein. Und zwei weitere Namen sind mit der Düsseldorfer Bühne verbunden: Karl Immermann, der Theaterreformator, und Felix Mendelssohn Bartholdy, kurzzeitig Musikdirektor. Von dieser nahezu 75 Jahre zurückliegenden Glanzzeit zehrte das Düsseldorfer Stadttheater. »Wer Düsseldorfer Theatergeschichte kennt, weiß, daß hier unsere Vergangenheit nur einen Namen hat: Immermann. Alles andere ist vergraben und vergessen im Dunkel der Provinz. Erst mit den Taten unseres jetzigen Schauspielhauses, dessen fortschrittliche Bühnenkunst mit jedem Tag an Gebiet gewinnt, ist Düsseldorf zum zweiten Male in die Reihe der Städte eingerückt, deren Theater sich die Zukunft zu erobern hoffen.« So die Einschätzung von Dr. Heinz Stolz im Düsseldorfer General-Anzeiger vom November 1913. Mag diese Meinung auch überspitzt sein, enthält sie doch einen wahren Kern: Die Entwicklung im Schauspiel vollzog sich in Düsseldorf in erster Linie in dem von Louise Dumont und Gustav Lindemann 1905 gegründeten und geleiteten Schauspielhaus, das mit seinen sorgfältig vorbereiteten und durchgearbeiteten Inszenierungen überregionale Aufmerksamkeit auf sich lenkte. Hier wurden Ibsen, Strindberg und Gerhart Hauptmann gespielt, während im Stadttheater von den zeitgenössischen Autoren Hermann Sudermann, Otto Ernst, Herbert Eulenberg und Wilhelm Meyer-Förster (*Alt-Heidelberg*) den Ton angaben. Die Verhältnisse an diesem Haus unterschieden sich kaum von denen, die Ponto in Reichenberg kennen gelernt hatte: geringe Probenzeiten, Premierendichte, Wiederaufnahme von Stücken lediglich mit kurzen Verständigungen, jederzeit abrufbare Standard-Inszenierungen, hauptsächlich von Klassikern. Doch für einen Darsteller wie ihn ergab sich ein reiches Betätigungsfeld, das den musikalischen Sektor aussparte, zur Erweiterung von Repertoire und Erfahrungen – nicht zuletzt durch die zahlreichen Gastspiele von prominenten Künstlern wie Max Grube, Ernst von Possart und Albert Bassermann – beitrug und der Vorbereitung auf den Sprung nach Dresden zu dienen vermochte. Sein Düsseldorfer

Debüt gab er im September 1911 mit einer Charge in einem Lustspiel. Sein ›eigentlicher‹ Start erfolgte Mitte Oktober mit der Titelrolle in der Schulkomödie *Flachsmann als Erzieher* von Otto Ernst. »Erich Pontos Flachsmann vorweg« – hieß es in der Presse – »hatte eine Schärfe der Charakterisierung, die keinen Zug vermissen ließ. Er zeichnete den vertrockneten Schulpedanten mit seiner inneren dürftigen Öde, seiner hämischen Arroganz nach unten und seiner kriechenden Unterwürfigkeit nach oben, den Pfuscher mit seiner neidischen, intriganten Angst und den Tartüff. Alles das war vorhanden und redete eine überaus anschauliche Sprache.« Kleine und große Aufgaben wechselten in den einzelnen Spielzeiten. Ponto spielte in damals bevorzugten Stücken, Schwänken und belanglosen Lustspielen. Und in Klassikern. Er ist der Bote Joab in Hebbels *Herodes und Mariamne*, der Teufel in *Jedermann*, Wagner im *Faust*, Angelo in *Emilia Galotti*, Dromio von Ephesus in der *Komödie der Irrungen*, der Nickelmann in der *Versunkenen Glocke*, Dr. Hinzelmann *Im weißen Rößl* und der Cassius in Shakespeares *Julius Cäsar*, nach Ansicht der Volkszeitung Düsseldorf »eine Rolle, die ihm absolut nicht liegt und aus der er denn auch nur eine Durchschnittsleistung zu machen vermochte«. Kritische Anmerkungen dieser Art finden sich in den Rezensionen allerdings selten; weit eher wird »seine vortreffliche Kunst der Darstellung« hervorgehoben wie beim Schmock in Gustav Freytags Lustspiel *Die Journalisten*: »Mit feinem Verständnis faßte der Künstler seine Rolle durchaus tragisch auf, dabei streng alles übertrieben Karikaturenhafte vermeidend und das Rührende der Gestalt im Geiste des Dichters hervorhebend. Herr Ponto erntete denn auch lebhaften Beifall bei offenen Szene.«

Eine beeindruckende Leistung zeigte er auch als Wirt in »*Minna von Barnhelm*«, der – nach Ansicht des Düsseldorfer General-Anzeigers – »in seiner Spitzbubenschlauheit, Neugierde und Unterwürfigkeit auf das Minutiöseste ausgefeilt und von ganz wundervollem Humor getragen war«. Der Wirt war eine Rolle, die sein Dresdner Engagement entscheidend vorbereiten half und die ihn durch sein ganzes Schauspielerleben begleiten sollte.

Auch für weitere Rollen seines späteren Repertoires bot Düsseldorf die Chance: Erstmals spielte er hier den Gemeindediener Seifert in Emil Rosenows Komödie *Kater Lampe*, und ihm wurde – ebenfalls 1913 – der Geizige von Molière anvertraut, den er »in allen seinen Lebensäußerungen, von seinem immer wachen konstanten Geiz an bis zum Ausbruch des Wahnsinns« zu einer beeindruckenden Charakterstudie zu machen verstand.

Bereits in seiner zweiten Düsseldorfer Spielzeit war evident, dass er »zu den besten Kräften gehört, über die das Stadttheater zurzeit verfügt«, wie ihm die Volkszeitung in ihrer Kritik zu *Nathan der Weise*, in dem er den Klosterbruder spielte, bescheinigte. Er war auch in Shakespeares *Wintermärchen* (1914) der Mittelpunkt des Abends. »Herr Ponto als Autolycus, der Gaukler, bot eine wahre Glanzleistung und brachte damit die ganze Darstellung auf ihren Höhepunkt. Wie er die Sprache und wie er seine Glieder zu handhaben versteht, ohne dabei auch nur einen Augenblick die Erfordernisse seiner Rolle zu vergessen, das ist direkt bewundernswert, – sein Auftreten bildete eine einzige künstlerische Sensation.«

Lange vor dem Ende seines Engagements am Rhein hatte Dresden Interesse bekundet. Wie dieser Kontakt zustande kam, lässt sich heute kaum noch erhellen. Möglich, dass ein Auftritt der Dresdner Hofschauspielerin Charlotte Basté damit in Verbindung stand. Sie gastierte im November 1912 als Beatrice in Shakespeares *Viel Lärm um nichts* am Düsseldorfer Stadttheater. Ponto spielte in dieser Vorstellung den Don Juan, der »durch sein diskretes Spiel« auf sich aufmerksam machte. Nicht auszuschließen, dass von ihr eine Empfehlung an die Dresdner Schauspieldirektion gegeben wurde. Ein Hinweis könnte allerdings auch von Herbert Eulenberg erfolgt sein. In seinen Stücken hatte Ponto wiederholt mitgewirkt, und von seiner Seite bestanden Kontakte zu Dresden. Der Prolog zur Eröffnung des Königlichen Schauspielhauses am 13. September 1913 stammte von Herbert Eulenberg.

Die ersten zehn Jahre
in Dresden

»Noch lange bevor der Düsseldorfer Vertrag ablief, interessierte sich das Dresdner Hoftheater für mich, aber es dauerte doch
über ein Jahr, ehe jemand kam, um mich kennenzulernen.
Schließlich war es Geheimrat Zeiß selbst, der nach Düsseldorf
fuhr und mich als Wirt in ›Minna von Barnhelm‹ sah.« So schildert Erich Ponto den Vorgang. Es konnte ihm schmeicheln,
von Dresden umworben zu werden, denn das Dresdner Hoftheater gehörte zu den führenden Bühnen in Deutschland, namentlich in der Oper. Doch auch das Schauspiel genoss einen
guten Ruf. Der Berliner Kritiker Herbert Jhering stellte im Juli

Das Königliche Schauspielhaus in Dresden

1914 als Fazit eines dreitägigen Vor-
stellungsbesuches fest: »Das Dresdner Königliche Schauspielhaus hat
sein Personal fortschreitend verjüngt
und sich modernen Strömungen ge-
öffnet. Es hat heute schon ein Repertoire, das von den Berliner Bühnen in
ihrer Gesamtheit, aber von keiner
einzelnen Bühne übertroffen wird. Es
ist eins der wenigen Theater, die eine
planmäßige Neuorganisation durch-
geführt haben. Es ist dem Vorwurf,
daß es kein modernes Hoftheater
geben könne, damit begegnet, daß es
den Anschluß an Bürgertum und De-
mokratie gesucht hat. Wenn man das
Dresdner Hoftheater einordnen will,
so darf man es mit keinem Berliner
Theater vergleichen. In der Art, wie
es den Spielplan bildet und Schauspieler heranzieht, wie es organisch

ERICH PONTO
KGL. S. HOFSCHAUSPIELER
ALS SPIEGELBERG

aus den Bedürfnissen der Hauptstadt und des Landes heraus-
wächst und diese doch leitet und bestimmt, ist es eher ein mo-
dernisiertes Burgtheater.«

Am 21. Mai 1913 stand Ponto erstmals in der Elbestadt auf
der Bühne zum vereinbarten Gastspiel auf Anstellung. Sein
Spiegelberg in Schillers *Die Räuber* hinterließ einen überwie-
gend positiven Eindruck. Er bot, wie ein Kritiker fand, die
Rolle »mit trefflichem Geschick und ohne das Gesamtspiel zu
stören«. Als angenehm fiel die »Klarheit seiner stimmlichen
und mimischen Darstellung« auf, die von der sprachlichen
Laxheit einiger Mitspieler vorteilhaft abstach. Ein reichliches
Jahr danach, am 16. August 1914, trat er sein Engagement als
Königlicher Hofschauspieler an und kam in einen Spielkörper
mit so profilierten Fachvertretern wie Hermine Körner, Alice
Verden, Maria Fein, Jenny Schaffer, Lothar Mehnert, Alfred

Meyer, Alexander Wierth, Adolf Müller, Wilhelm Dettmer und Paul Wiecke. In diesem Ensemble erster Kräfte galt es sich zu behaupten und zu beweisen. Der Spielplan, auf den er sich eingestellt hatte und der an Klassikern *Faust I*, *Hamlet* und Hebbels *Judith*, im modernen Repertoire Stücke von Ibsen, Strindberg, Wedekind und Oscar Wilde vorsah, fand so jedoch keine Realisierung. Nach Kriegsausbruch am 1. August gab es – wie an vielen deutschen Bühnen so auch am Königlichen Hoftheater in Dresden – erhebliche Veränderungen. Werke von patriotischer Gesinnung gewannen – wenigstens vorübergehend – die Oberhand und boten den Künstlern, nach Ansicht des Dresdner Anzeigers, willkommene Gelegenheit zu zeigen, »daß Poesie und Darstellungskunst zu kriegführenden Mächten in unseren Tagen werden«. Ausländische Dramen, vor allem solche von ›feindlichen Fremden‹ mussten Werken weichen, die an große Zeiten der Deutschen erinnerten, von Vaterlandsliebe und Opferbereitschaft kündeten. Drei Abende vaterländischer Kunst (unter den Titeln: »Die Freiheitskriege«, »Der Krieg 1870/71« und »Der Deutsche Krieg 1914«) gingen in Co-Produktion mit der Hofoper und der Königlichen Kapelle in Szene, auch *Wallensteins Lager* und Otto Ludwigs Einakter *Die Torgauer Heide*, mit dem das Schauspielhaus 1913 eröffnet worden war, wurden – mit einem Prolog von Otto Erler versehen – wieder aufgenommen. In ›Würdigung der Zeitstimmung‹ kam Ernst von Wildenbruchs vaterländisches Drama *Der deutsche König* auf die Bühne, auch Theodor Körners von Heldenmut, Treue und Pflichterfüllung bis in den Tod gesättigte Tragödie *Zriny* erschien im Spielplan und machte dem Publikum klar: »Das Vaterland darf jedes Opfer fordern; zum Heldentod ist auch kein Weib zu schwach.«

Der patriotischen Ausrichtung wurden auch Klassiker dienstbar gemacht. Schillers *Wilhelm Tell* mit der Aufforderung Attinghausens »Ans Vaterland, ans teure, schließ dich an« bot sich ebenso an wie Kleists *Prinz Friedrich von Homburg* und *Die Hermannsschlacht*.

Mit dem Flurschütz Stüssi begann Erich Ponto am 8. September 1914 sein Dresdner Engagement. Es folgten Aufgaben im zweiten Abend vaterländischer Kunst. In den 1870er

Debüt in Dresden im *Wilhelm Tell*

Kriegsszenen *Wörth* des Georg von Ompteda hatte er einen Gefreiten zu spielen, in Wildenbruchs Drama einen Knecht, und in der Uraufführung des Schauspiels *Katte* von Hermann Burte (November 1914) war er der Kriegsrat von Mylius. Um ein Haar wäre es zur Premiere dieses Stückes nicht gekommen, da Ponto plötzlich den Einberufungsbefehl erhielt. »Just an dem Tage, wo ich in der Uraufführung von Burtes ›Katte‹ mitwirken sollte, mußte ich mich, mit dem bekannten Pappkarton bewaffnet, auf den Weg zum Gestellungslokal machen. Ich hatte kurz vorher Geheimrat Zeiß angerufen und ihm mitgeteilt, daß er am Abend auf meine Mitwirkung nicht mehr rechnen könne, worauf er erklärte, sofort entsprechende Maßnahmen ergreifen zu wollen. Gerade war der Feldwebel dabei, uns einzuteilen, da tauchte der Theaterdiener auf und rief: ›Sie können doch einen Hofschauspieler nicht in der Kälte hier draußen stehen lassen, er kann sich ja erkälten und heiser werden, er hat doch heute abend Vorstellung!‹ Bei dem Wort Hoftheater war der Feldwebel so verdattert, daß er mich zunächst einmal für den Abend beurlaubte. Inzwischen hatte Zeiß die Reklamation eingeleitet.« (Erich Ponto)

Es sind viele kleine Rollen, Episoden, manchmal auch nur ›Wurzen‹, die Ponto in der ersten Zeit in Dresden gespielt hat: einen Arkebusier in *Wallensteins Lager*, einen cheruskischen

Theater u. Vergnügungen.

Königl. Opernhaus.

☞ Bleibt bis auf weiteres geschlossen.

Königl. Schauspielhaus.

Wilhelm Tell.
Schauspiel in fünf Aufzügen
von Friedrich Schiller

Hermann Geßler	Theodor Becker
Werner, Freiherr	Adolf Müller
Ulrich von Rudenz	Paul Paulsen
Werner Stauffacher	Lothar Mehnert
Konrad Hunn	Theodor Leichert
Walther Fürst	Wilhelm Dettmer
Wilhelm Tell	Hans Wahlberg
Rößelmann, der Pfarrer	Alfred Meyer
Kuoni, der Hirt	Rudolf Opel
Werni, der Jäger	Willi Gunz
Ruodi, der Fischer	Rudolf Schröder
Arnold vom Melchthal	Alexander Wierth
Konrad Baumgarten	Paul Wiecke
Meier von Sarnen	Rolf Roennecke
Struth von Winkelried	Otto Nebelthau
Jenny, Fischerknabe	Jenny Schaffer
Seppi, Hirtenknabe	Hansi Schütz
Gertrud	J. Bardou-Müller
Hedwig, Tells Gattin	Clara Salbach
Bertha von Bruneck	Gertrud Trefnitz
Armgard, Bäuerin	Maria Fein
Walther ⎱ Tells Knaben	Aurelia Jaul
Wilhelm ⎰	Bertha Lehmann
Frießhardt ⎱ Söldner	Hanns Fischer
Leuthold ⎰	Eugen Huff
Rudolph der Harras	Ernst Pröckl
Johannes Parricida	Walter Jtz
Stüßi, der Flurschütz	Erich Ponto

Ende gegen ¼11 Uhr.

Spielplan: Mi.: Die Freiheitskriege;
Do.: Fidelio; Fr.: Zopf und Schwert;
Sbb.: Z. 1. M.: Der deutsche König;
So.: Der deutsche König; Mo.: Die Freiheitskriege.

Boten in der *Hermannsschlacht* und den Olearius in *Götz von Berlichingen*. Er gab Figuren verschiedensten Alters und Charakters in Erfolgsstücken der damaligen Zeit (*Mein Leopold, Wie die Alten sungen, Alles um Geld, Der Jahrmarkt von Pulsnitz*) und bewies – wie es in der Presse hieß – trotz seiner »kurzen Tätigkeit am Königl. Schauspielhause eine große Begabung und Verwendbarkeit in trocken-komischen und scharfchargierten Rollen«. 1915 wurden ihm bereits wichtigere Aufgaben übertragen: der Teufel in *Jedermann* von Hugo von Hofmannsthal, der Jago in *Othello* und der Mann in Karl Schönherrs *Weibsteufel*. Dieser Aufführung zollte Felix Zimmermann volle Anerkennung: »Mit nur drei Personen fünf Akte hindurch zu fesseln und dramatisch zu erregen, das fordert auch glänzende Darsteller. Und die hat das Stück gefunden (…) Kleinoschegg hat die Kraft und Leidenschaft zu bieten, Ponto die ohnmächtige Schwäche und Hermine Körner vereinigt in ihrer erstaunlichen Doppelseitigkeit das geistige und sinnliche Übergewicht (…) Erich Ponto machte vor allem glaubhaft, daß in dem kranken Männlein doch ein ganzes Stück Kraft liegt, nur daß es sich physisch nicht ausleben kann.«

Der Jago erschloss sich ihm nicht. Die Kritik war zwar freundlich-wohlwollend und bescheinigte ihm, dass seine Darstellung eines kalten Schurken als ein »glaubhafter und möglicher Lösungsversuch gelten« könne, »der Anteil und Zustimmung zu erwecken vermochte«, doch Ponto teilte diese Meinung nicht. Er wusste, was er der Rolle schuldig geblieben war und hat sie später nicht mehr gespielt. Ganz im Unterschied zum Schneider Wibbel, der 1916 erstmals auf ihn kam und der ihn in Dresden nahezu dreißig Jahre begleiten sollte. Hier konnte er sein hintergründiges komisches Talent voll entfalten und alle Facetten seines Komödiantentums zeigen. Das Stück, durch Pontos großartige Leistung ungemein beliebt und auch von Zuschauern gesehen, die sonst nicht zu den Besuchern des Schauspielhauses gehörten, stand damals auf dem Spielplan vieler Theater; doch in kaum einer anderen Stadt wurde ein Darsteller mit der Titelrolle so identifiziert wie Ponto in Dresden (später kam für ihn der Nathan hinzu). Diese

Als Schneider Wibbel mit Alice Verden
(Aufnahme von 1938)

Als Schluck in Gerhart Hauptmanns
Scherzspiel *Schluck und Jau*
(Aufnahme von 1931)

Deckungsgleichheit strahlte aus: 1939 drehte Viktor de Kowa
mit Erich Ponto den Schneider-Wibbel-Film.

Von Bedeutung für Pontos weiteren Dresdner Bühnenweg
war der Bibliothekar in dem gleichnamigen viel gespielten
Stück von Gustav von Moser, der Erste Totengräber im *Hamlet*
und 1918 Gerhart Hauptmanns Schluck in *Schluck und Jau*.
Das Scherzspiel von den zwei Tippelbrüdern, das sich vom
orientalischen Märchenmotiv des *Königs für einen Tag* her-
leitete, auch in der Rahmenhandlung zu Shakespeares *Der
Widerspenstigen Zähmung* verwendet wurde, hatte Lothar
Mehnert inszeniert, und er fand für die Titelfiguren »in Alfred
Meyer und Erich Ponto zwei Charakterspieler, die wohl die
höchsten Ansprüche des Dichters erfüllen können. Alfred
Meyer erzielt tragikomische Wirkung als Jau. Er hat die Wild-
heit des rohen Landstreichers und Trunkenbolds, eine gewisse
Größe und schreckhafte Kraft des Wesens (...) Erich Ponto als

der weichere, menschlich mildere, gehorsame Genoß des Narrenkönigs Jau hatte in seiner Rolle den Vorteil sympathischer, ja rührender Gutmütigkeit für sich. Bewundernswert, (…) wie er Schlucks bescheidene künstlerische Triebe aus aller Verschüchterung hervorleuchten ließ, wie rein und menschlich tief er die Freude Schlucks beim Mahl, die Ängstlichkeit beim Spiel als Fürstin, die sonnige Zufriedenheit des glücklichen Menschen am Schluß auszudrücken wußte.« (Friedrich Kummer im Dresdner Anzeiger)

Als Ponto 1918 diese Rolle spielte, waren die Zeichen eines politischen Umbruchs unübersehbar. Am 6. November wurde in Großenhain der erste Soldatenrat Sachsens gewählt. Am 8. November kam es in Dresden zu Massendemonstrationen, und zwei Tage darauf erfolgte die Bildung des Vereinigten revolutionären Arbeiter- und Soldatenrates, der die Macht übernahm, König und Regierung für abgesetzt und die Monarchie für beseitigt erklärte.

Die politischen Veränderungen blieben nicht ohne Einfluss auf das Hoftheater. Es kam als Sächsisches Landestheater in Staatsverwaltung und wurde dem Kultusministerium unterstellt. Graf von Seebach blieb zwar bis zu seinem 25-jährigen Bühnenjubiläum im Februar 1919 pro forma Generalintendant, de facto lag jedoch die geschäftliche Leitung in den Händen von Dr. Paul Adolph, während die künstlerische Leitung auf kollektiver Basis in den einzelnen Kunstgattungen organisiert wurde. Im Schauspiel standen Hannes Fischer als Direktor und Paul Wiecke als sein Stellvertreter an der Spitze eines Regiekollegiums, zu dem außerdem Dr. Karl Wolff als Dramaturg und juristischer Beirat, Lothar Mehnert, der neu verpflichtete, aus Prag gekommene Regisseur Berthold Viertel, der Technische Direktor Adolf Linnebach und Leonhard Fanto als Vorstand des Kostümwesens gehörten. (Da sich dieses Leitungsprinzip nicht bewährte, gab man es zwei Jahre später wieder auf, und an die Spitze der nunmehr ›Sächsische Staatstheater‹ benannten Bühne trat abermals ein Generalintendant: Alfred Reucker). Hannes Fischer betonte in seiner Antrittsrede, dass er »das gute Alte« weiterhin pflegen wolle, gleichzeitig aber möchte er »die Fenster dieses Hauses weit aufreißen, und den frischen, jungen Wind hereinwehen lassen, der jetzt die Welt durchbraust«. Gemeint war damit der Expressionismus, der schon in der Hoftheater-Ära eingesetzt hatte und Dresden für eine kurze, aber intensive Zeitspanne zu einem der wichtigsten Zentren in Deutschland machte. In der E_bestadt entstanden Verlage und Zeitschriften, die die neue Kunstrichtung propagierten und verbreiteten; hier boten Galerien den bildenden Künstlern ein öffentliches Forum. Die Stadt zog bedeutende Persönlichkeiten an, die die neue Richtung förderten und vorantrieben wie Oskar Kokoschka, Otto Dix, die ›Brücke‹-Künstler und Berthold Viertel, der in den folgenden Jahren zum inszenatorischen Wegbereiter der expressionistischen Dramatik wurde, die weit über die Stadt hinaus Ausstrahlung gewann und bis 1922 mit Autorennamen verbunden ist wie Georg Kaiser, Walter Hasenclever, August Stramm und Friedrich Wolf. Anlässlich der Dresdner Uraufführung 1920 von Hanns Johsts Drama *Der König*, das noch expressionistische Züge erkennen ließ, schrieb Oskar Walzel in der Deutschen Allgemeinen Zeitung: »Wer zu dieser Aufführung nach Dresden gekommen war und die jüngste Entwicklung der Bühne unter Wieckes Leitung noch nicht kannte, war erstaunt über das Geschlossene und Einheitliche der Leistung. Auch die Bühnenbilder von Poelzig und Linnebach erwiesen, daß das Dresdner Schauspielhaus heute an erster Stelle berufen ist, das neueste deutsche Drama zu bühnengemäßer Verwirklichung zu geleiten.«

Erich Ponto war in diese Entwicklung integriert. Er spielte in *Gas* von Georg Kaiser und in August Stramms *Die Haidebraut*; er ist Sternheims *Bürger Schippel* und der Kassierer in Kaisers *Von morgens bis mitternachts* – alle unter der Regie von Berthold Viertel. Und er verkörpert die Titelrolle in der Uraufführung von Walter Hasenclevers nach Balzac geschriebenem Drama *Gobseck* (Januar 1922), das dank der ausgezeichneten Regie Viertels und der darstellerischen Leistung Pontos einen Premierenerfolg erzielte, ohne sich später durchsetzen zu können. In Shakespeares *Sommernachtstraum* besetzte ihn Viertel mit dem Puck. Julius Ferdinand Wolff kam in den Dresdner Neuesten Nachrichten zu folgender Einschätzung:

»Ponto war so, wie Reinhardt den Puck haben wollte. Man kann an den ›Sommernachtstraum‹ nicht rühren, ohne an Max Reinhardt dankbar zu denken. (...) Ponto wechselte nicht zwischen Waldschrätigkeit und Elfentum. Seine Bosheit ist gutmütig, liebenswürdig, naiv. Seine Bewegungen von der spielerischen Grazie eines jung-katzenhaften Halbtieres. Seine Sprache wie Naturlaute, doch so, als ob man auf einmal den drolligsten Incubus nicht nur hörte, vielmehr aufs erste Wort nächtliche Waldsprache wie die des Alltags verstünde. – Wieviele Pucks hat man erlebt. Mädchen, Frauen. Derbe und tänzelnde, soubrettenhafte und Leisetreterinnen, zottige und frisierte. Pontos Anmut ist von der selbstverständlichsten Art. In jenem Reigen Reinhardts wäre er eine Vollendung gewesen.«

An klassischen Rollen brachte der Beginn der Zwanzigerjahre weiterhin zwei Aufgaben, die zu seinem Repertoirebestand werden sollten: der Mephisto (1920) und der Wirt in *Minna von Barnhelm* (1922).

Es darf als künstlerischer Vertrauensbeweis angesehen werden, dass er sechs Jahre nach seinem Engagementsantritt in Dresden mit dem Mephisto betraut wurde, der Lothar Mehnerts Rolle war. In den Dresdner Nachrichten unterzog Felix Zimmermann Pontos Leistung einer eingehenden Beurteilung. »Es bleibt immer ein Wagnis, wenn ein Episodenspieler dazu übergeht, eine große, tragende Rolle zu gestalten. Es ist die Probe auf die Spannweite seines Talentes. Erich Ponto hat sich mit einer großen Reihe scharf profilierter Gestalten eine künstlerische Stellung ersten Ranges geschaffen, aber es waren immer Figuren im zweiten Glied, bedeutende Chargen der komischen Charakterdarstellung, und er hat sie immer mit einer seltenen Vereinigung von zeichnerischer Schärfe und einem manchmal kindlich gütigen Humor gespielt. Jetzt hat er sich am Mephistopheles des 1. Teils von ›Faust‹ versucht. Es ist ihm nicht mißglückt. Er hat Persönliches zu geben und sachlich manches Neue zu bringen. Mit sicherem Instinkt hat er aus dem Reichtum an Möglichkeiten, den die Mephisto-Gestalt Goethes birgt, das herausgeschält, was seinen darstellerischen Anlagen zugänglich ist. Nicht der große Höllenfürst, nicht der Junker Satan, nicht der humorvolle Kavalier steht da,

nach Düsseldorf ist er wieder Harpagon und zeigt eine Leistung von beeindruckender künstlerischer Geschlossenheit. »Von der Maske bis zum Kostüm, vom Schlurfgang bis zu den Ansätzen erotischen Gefühls, von der schlauen Entlarvung des Sohnes bis zu dem herzbrechenden Gewimmer dürrer Seligkeit über die wiedergewonnene Geldkassette: Jeder kleine Zug packend, jeder der echte Teilzug einer großen Darstellung. Und die Augenblicke der Ekstase, wie etwa Harpagon verfolgungswahnsinnig nach dem Dieb im Ungeheuer Publikum tastet: grandios; markerschauernd.« (Dresdner Volkszeitung) Das Publikum war enthusiasmiert und rief die Darsteller immer wieder vor den Vorhang, so dankbar wurde die endliche Wiederbegegnung mit Molière aufgenommen.

Natürlich blieben Pontos Dresdner Erfolge andernorts nicht unbemerkt. Bereits 1920 hatte Oskar Walzel in der Kritik zu Hanns Johsts *Der König* sein »ungewöhnliches Talent« hervorgehoben; Herbert Jhering sah ihn wiederholt in Dresden. Ein Angebot von außerhalb für den inzwischen renommierten Darsteller konnte keine Überraschung sein. Es kam 1927 aus Berlin.

Als Harpagon in Molières
Der Geizige

47

Der Sprung in die Hauptstadt

In fast allen Veröffentlichungen wird Erich Pontos Berliner Debüt mit der Uraufführung von Brecht/Weills *Dreigroschenoper* am 31. 8. 1928 datiert, was sicher auf eine Äußerung von Ernst Josef Aufricht zurückzuführen ist. In seinen Aufzeichnungen eines Berliner Theaterdirektors, *Erzähle, damit du dein Recht erweist*, gibt er an, dass er seinen ehemaligen Dresdner Kollegen Erich Ponto »zum ersten Male auf eine Berliner Bühne brachte«.

Zweifellos bedeutete die *Dreigroschenoper* für Ponto den Durchbruch in Berlin, sein erster Auftritt in der Reichshauptstadt war sie indessen nicht. Der lag zeitlich anderthalb Jahre zurück in dem Stück *Der mutige Seefahrer* von Georg Kaiser. Ende Februar 1927 kam es an dem der Volksbühne angegliederten Thalia-Theater in der Dresdner Straße heraus. Über den Inhalt dieser heute kaum mehr bekannten Komödie informiert Herbert Jhering:

»›Der mutige Seefahrer‹ ist der Kolonialwarenhändler Lars Krys. Für ihn und seine Brüder Jens und Niels trifft ein Brief aus Amerika ein, von Joe Jefferson, einst Jepsen und ebenfalls aus der dänischen Kleinstadt wie die drei Brüder. Jefferson ist todkrank und will Lars oder Jens oder Niels drüben bei sich haben. 600 000 Dollar sind sein Erbe. Jens und Niels drücken sich vor der Fahrt. Lars will hinüber. Sein Dampfer geht unter. Jefferson wird gesund, kommt gerührt nach Dänemark, um die Witwe zu versorgen und zu heiraten. Aber Lars ist natürlich nicht gefahren, hatte Angst und wagt sich auch jetzt erst später hervor. Trotzdem Erbschaft, Wohlgefallen, Freude und sogar ein Brautpaar.«

Dieses Jugendwerk Georg Kaisers hatte seine Urauffüh-rung 1925 am Dresdner Staatstheater unter der Regie von Josef Gielen erlebt, wobei Alfred Meyer als Lars und Erich Ponto als Jens den Erfolg dieses Theaterabends sicherten.

Der Jens Krys war seine Antrittsrolle 1927 in Berlin. Aber-mals inszenierte Josef Gielen (dem die Verpflichtung Pontos sicher zuzuschreiben ist), und auch in Berlin zeigten sich Pub-likum und Kritik beeindruckt. Herbert Jhering schrieb: »Ihn [den Jens Krys, H. Schn.] spielt Erich Ponto vom Dresdner Staatstheater. Ich sah ihn in Dresden als Schluck. Ein Darstel-ler von ursprünglicher Verwandlungslust. Ihn durchfiebert die Rolle. Es gibt keinen toten Punkt. Bis in die Fingerspitzen wird alles Ausdruck, beweglicher, elastischer, schnellender Aus-druck. Ein Schauspieler von Phantasie und handwerklichem Können. Man ist angeregt und sicher bei ihm. Er kann, was er will. Im hurtigsten Tempo ist Deutlichkeit. Manchmal macht er zuviel. Manchmal schlägt leise die Provinzroutine durch. Aber Pontos ursprüngliches Schauspielertum, der Fonds sei-ner Phantasie ist noch unverbraucht. Vielleicht wachsen in dieser nuancierenden Kunst keine Begabungen nach. Es ist Burgtheater. Aber bestes Burgtheater ...«

Ein besseres Entree als dieses Urteil war in der von außer-ordentlichen Talenten übersäten Theaterstadt Berlin kaum denkbar. Mit dieser Empfehlung konnte Ponto weiteren Ange-boten ruhig entgegensehen. Doch zunächst warteten in Dres-den ›seine Rollen‹ auf ihn, der Mephisto, der Jacques (*Wie es euch gefällt*), der Wirt (*Minna von Barnhelm*), der Geizige und eine künstlerische Aufgabe, mit der das Dresdner Staatsthea-ter abermals ins Blickfeld der deutschen Theaterszene rückte: die Uraufführung *Toboggan* von Gerhard Menzel. Der Autor, für sein Drama 1927 mit dem Kleist-Preis ausgezeichnet, be-handelt darin das Schicksal eines Hauptmanns, der an der Front lebensgefährlich verwundet, von den Ärzten aufgegeben und von seinem Vorgesetzten als erledigt betrachtet wird, wes-halb er seine Kompanie einem anderen übergibt. Toboggan begreift angesichts des Todes, dass er eigentlich noch gar nicht richtig gelebt hat; er bäumt sich gegen sein Los auf, mo-bilisiert Widerstand, steigert seine Energie ins Maßlose. Doch

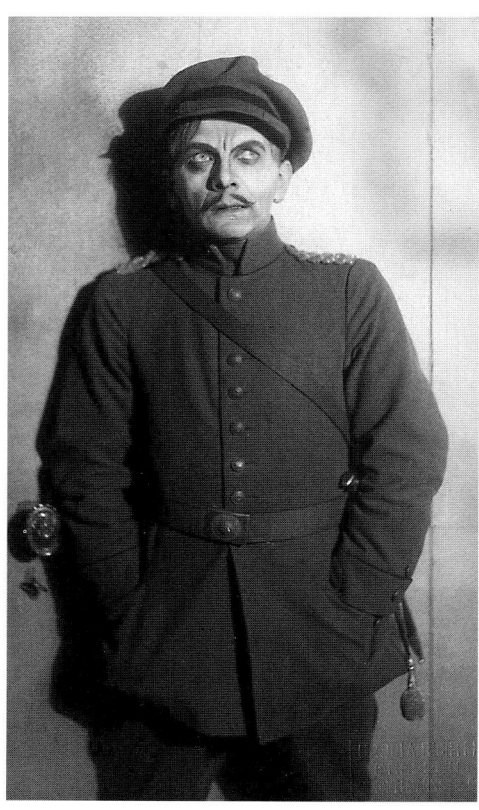

Als Hauptmann Toboggan in
dem gleichnamigen Drama
von Gerhard Menzel, 1928

Enttäuschung in der Etappe, in der Heimat, in der Liebe bringen ihn zu Fall: Er lässt sich einschneien. (Zehn Jahre später
findet Ödön von Horváths Romanheld in *Ein Kind unserer Zeit*
ein ähnliches Ende.) Hauptmann Toboggan, der Lebenswilli-
ge, der überall auf verschlossene Türen stieß, wird nirgends
mehr stören.

Die Dresdner Aufführung als Premiere der ›Aktuellen Bühne‹ (eines von Dramaturg Dr. Karl Wolff gegründeten Experi-
mentiertheaters außerhalb des offiziellen Spielbetriebs des
Staatsschauspiels) war nach den Worten Herbert Jherings vortrefflich. »Josef Gielen bewies hier, wie stark seine Fähigkeit
ist, ein Schauspieler- und Statistenensemble zusammenzuhal-
ten und einzuteilen, aus der Vielfältigkeit die Oberstimme zu

50

lösen und wieder einklingen zu lassen.« Diese ›Oberstimme‹ war Ponto in der Titelrolle. Sein Hauptmann war ein »Lebendig-Toter voll rebellischen, schlagfertigen Humors, der die Tragik seines Erledigtseins noch grausiger erhellt. So, mit einem Lungenschuß behaftet, in zweifelhafter Montur, das graue Gesicht mit ausgehustetem Blut beschmiert: so wankt die überflüssig gewordene Kreatur, vorwärtstreibend und vorwärtsgetrieben, ihrem tödlichen, unerbittlich vorbestimmten Ziel entgegen. Ein erschütterndes Abbild – nicht nur des Soldatenlebens.« (Max Adler in der Sächsischen Staatszeitung) Große Anerkennung fand Ponto auch bei der Berliner Kritik. Herbert Jhering hob abermals dessen schauspielerisches Handwerk hervor (»Es ist selten geworden«), seine »kluge Ökonomie, welch einsichtsvolles Haushalten mit seinen Kräften!« Und Fritz Engel betonte im Berliner Tageblatt: »Die Gestalt aber, auf die alles ankommt, der Herzmuskel des Stückes, ist Toboggan. Dresden hat seinen Erich Ponto, wie Berlin für solche Aufgaben und noch phantastischer Krauß und Forster hat. Auch Ponto gibt eine ungebrochene und bis zum Schluß ansteigende Fülle. Äußerste seelische Aufgerührtheit und letzte körperliche Hingabe flechten sich zu einer großen Gestaltung ineinander.«

Ponto erzwang sich mit Toboggan so viel Aufmerksamkeit, dass sich eine erneute Berliner Verpflichtung wie folgerichtig ergab.

Zwischen Dresden und Berlin (I)

1928 übernahm Ernst Josef Aufricht das Theater am Schiffbauerdamm in Berlin und besetzte in der Eröffnungsinszenie-
rung *Die Dreigroschenoper* von Brecht/Weill den Bettlerkönig
Peachum mit Erich Ponto. Der 31. August 1928, der Tag der
Uraufführung, ist in die Theatergeschichte eingegangen. Die
Dreigroschenoper wurde einer der größten Theatererfolge des
20. Jahrhunderts.

Wie wir von Ernst Josef Aufricht wissen, waren die Proben
von erheblichen Turbulenzen begleitet. »Es war normal, daß
bald auf der Bühne chaotische Zustände ausbrachen, es wurde
selbstverständlich unterbrochen, es gab Diskussionen zwischen den Schauspielern, dem Autor und dem Regisseur, es
wurde Text umgeschrieben, Stellungen verändert, geschrien
und beruhigt, bis plötzlich die Neher erklärte, sie spiele nicht,
die Rolle wäre zu klein.« Es folgten Umbesetzungen (statt Ca-
rola Neher als Polly Roma Bahn), immer erneute Textänderun-
gen und schließlich Kürzungen nach der Generalprobe, die bis
sechs Uhr morgens gedauert hatte. Die Nerven der Darsteller
lagen blank.

»Als nächster kam Erich Ponto mit zwei Handkoffern in
mein Büro. Er hatte gepackt, wollte sich verabschieden, um
mit dem Mittagszug nach Dresden zurückzufahren. Man hatte
ihm die große Verkürzung im siebenten Bild, die hauptsächlich seinen Text betraf, mitgeteilt. Er weigerte sich, nur einen
Teil der Rolle, für die er sich verpflichtet hatte, zu spielen. Jetzt
war ich ratlos. Ich konnte nur bitten.

›Ihrer Frau und Ihrer Kinder wegen‹ – er verkehrte in unse-
rem Hause – ›packe ich die Koffer wieder aus.‹«

Der Verlauf der Premiere ist bekannt. Das Publikum reagierte zunächst distanziert bis ablehnend. Dann war der Bann gebrochen: »Bis zur zweiten Szene (...) machten die Leute den Eindruck, als wären sie von vornherein überzeugt, daß die Aufführung eine Pleite würde. Dann kam der Kanonensong. Ein unglaublicher Sturm erhob sich. Das Publikum raste. Von diesem Moment an konnte nichts mehr schiefgehen. Die Zuschauer gingen begeistert mit.« So weit Lotte Lenya, die Seeräuberjenny, die an diesem Abend als Darstellerin entdeckt wurde.

Und ›entdeckt‹ wurde Erich Ponto. So widersprüchlich die Kritiken über das Stück ausfielen – sie reichten von »Das Wagnis dieser neuen Direktion: es wird zum stürmisch beklatschten Ereignis« (BZ am Mittag) bis »literarische Leichenschändung (...) mit solchem absoluten Nichts« (Neue Preußische Kreuz-Zeitung) – so eindeutig positiv war die Bewertung der Leistung Pontos. Herbert Jhering urteilte: »Die Aufführung unter der Regie von Erich Engel war im einzelnen nicht ganz fertig. Aber sie stellt wundervolle Schauspieler: Erich Ponto, der unter dieser Leitung alle chargierenden Drückerchen beiseite ließ, und als Chef der Bettlerplatte eine Gestalt hinsetzte von einer Diskretion der Unheimlichkeit.« (Berliner Börsen-Courier) Paul Wiegler schrieb in der BZ am Mittag: »Engel und Neher machen daraus [aus dem Stück, H. Schn.] eine ›Büchse der Pandora‹ mit einer Vielzahl von Schigolchs. Nur daß keine Lulu, sondern ein Ehepaar Schigolch überragt. Peachum in der unheimlichen, düsteren Kraft des Herrn Ponto, der seit gestern in der ersten Reihe der Berliner Schauspieler steht, die wackere Mistreß Peachum mit der zwingenden grotesken Kunst von Frau Valetti.« Im 8-Uhr-Abendblatt hieß es: »Hinter dem geschlossenen Ganzen tritt die Leistung des einzelnen zurück. Und trotzdem spürt man die überragenden Werte Erich Pontos, der mit seinem sarkastischen blassen Totenschädel ebenso stark wirkt wie die Valetti mit rotem Schopf und scharfer Zunge.« (Felix Hollaender) Monty Jacobs fand: »Erich Engel braucht keine Filmtitel, solange er seine Schauspieler zu so wirksamen Dolmetschern aller Absichten zu machen weiß. Von überall hat er sie geholt: aus Dresden diesen

Finale der *Dreigroschenoper*
mit Kurt Gerron, Roma Bahn, Harald Paulsen, Erich Ponto (v. l.),
Berlin 1928

Bettelorganisator Erich Ponto, der so aussieht wie ein ins Tragische übersetzter und im Längenmaß verkürzter Curt Goetz, einen sicheren Galgenhumoristen ...« Das Urteil von Ernst Heilborn in der Frankfurter Zeitung lautete: »Die Darstellung ist bis ins Letzte künstlerisch belebt, ist sprühend. Galgenphysiognomien in Fülle, aber jede in Eigenart strotzend. Erich Ponto als Bettlerchef: Wuchererphysiognomie, heiserer Ton in der Kehle, Gaunerschlauheit ...«

Am bekanntesten ist wohl die Äußerung von Alfred Kerr: »Gleichfalls in der Mitte rührt sich ein Schauspieler aus Dresden. Ponto. Haupt einer Bettlergilde. Diese Kraft hat in Berlin zu bleiben. Ein Zuwachs. Wie er kaltschnäuzig spricht. Ganz ausgekocht. Einer, dem man nichts vormachen kann. Manchmal mit röchelnden Äuglein. Voll der letzten Sicherheit ... (Ein Zuwachs).«

Die Dreigroschenoper bedeutete Pontos Durchbruch. Was so hervorragenden Dresdner Schauspielern wie Alfred Meyer oder Lothar Mehnert nicht gelungen war, eine deutschlandweite Beachtung zu finden, das hatte Erich Ponto erreicht: Ein Dresdner Schauspieler – oder ein Schauspieler aus Dresden –, dessen Stimme im Konzert der großen deutschen Darsteller ihrer Zeit von nun an mitzählte.

Es lag nach diesem sensationellen Erfolg nahe, das Dresdner Engagement infrage zu stellen, doch Ponto erwog keinen Ortswechsel. Er wusste, was er an Dresden hatte, was seine Aufgaben hier waren und sein würden. Seine Stellung als Mittelpunktschauspieler war unangefochten. Ohne Berlin aufzugeben, versuchte er in den folgenden Jahren einen Spagat zwischen Elbe und Spree. In der *Dreigroschenoper*, die bis Jahresende 1928 mehr als einhundert Vorstellungen erlebte, spielte er bis Herbst, danach musste, Dresdner Verpflichtungen wegen, der Peachum umbesetzt werden: zunächst mit Hans Hermann Schaufuß, dann mit Leonard Steckel. »Er ist besser als Hermann Schaufuß, der ins Groteske auswich, aber schwächer als Ponto, der schon damals die beispielgebende Einheitlichkeit hatte wie jetzt die Neher«, beurteilte Herbert Jhering die Besetzungsveränderung.

In der Dresdner Presse nahm sich der *Dreigroschenoper*-Erfolg bescheiden aus. Die Dresdner Nachrichten brachten einen allgemeinen Bericht ihres Korrespondenten über ›Die ersten Neuheiten des Berliner Theaterjahres‹, in dem auch Ponto Erwähnung fand. Wesentlich beherzter reagierte das Albert-Theater, das eine Aufführung für November 1928 ankündigte. Besetzungsschwierigkeiten, Verzögerungen durch Krankheit, Ausfall des vorgesehenen Regisseurs, sodass die Direktorin Hermine Körner die Inszenierung übernehmen musste, zwangen zu wiederholten Verschiebungen der Premiere, die schließlich am 17. Januar 1929 stattfand. Den Macky Messer spielte Hugo Schrader als Gast aus München, den Bettlerkönig Paul Verhoeven. Eine Woche später gab es Neubesetzungen mit Paul Verhoeven als Macheath und Hans Vogel als Peachum. Ponto, ursprünglich vorgesehen, war zu diesem Zeitpunkt bereits in neue künstlerische Aufgaben am Staatstheater eingebunden. Nach *Troilus und Cressida* von Shakespeare, wo er als Thersites zum Mittelpunkt der von Josef Gielen geleiteten Aufführung wurde, spielte er im Januar 1929 erstmals jene Rolle, mit der man ihn später – und nicht nur in Dresden – identifizieren sollte: Lessings Nathan. Der Neueinstudierung des Werkes aus Anlass des 200. Geburtstages des Dichters hatte Josef Gielen eine Konzeption zugrunde gelegt, die das Stück von traditionellen Inszenierungsmustern fern hielt. Kein Weihespiel, keine vordergründige Betonung des Feierlichen, keine Hervorkehrung religionsphilosophischer Theoreme, auch keine Kanzelpredigt über Duldung und Toleranz. Stattdessen ein lichtes, warmherziges Spiel, beruhend auf einem leichten märchenhaft-heiteren Grundton, das vor allem die Beziehung der Menschen zueinander hervorhob. Damit schienen erste Schritte in eine Richtung getan, die Lessings *Nathan* als große Weltkomödie begreift. Unterstrichen wurden Gielens Absichten von der Ausstattung Adolf Mahnkes. »Sonne des Morgenlandes liegt über dem Schauplatz oberhalb Jerusalems; hohe Palmen stehen in Gruppen beim Hause oder beim alten Gemäuer, wo sich der Tempelherr gern ergeht; das Gelb des Wüstensandes bestimmt den Farbton auch des Mauerwerkes; Galiläa, der heilige Boden dreier Religionen, zeigt ein Fleckchen seiner orientalischen Schönheit.« (Felix Zimmermann)

Die Inszenierung verzichtete nicht auf die Neuwertung einiger Rollen; am auffälligsten beim Patriarchen, dieser bis dahin meist ins Humoristische gekehrten und verflachten Figur, die nun als einflussreicher und als Gegner nicht zu

56

Als Thersites in Shakespeares
Troilus und Cressida,
Dresden 1928

unterschätzender Kirchenfürst
erschien, und bei Nathan. Den
Unterschied zu früheren Auf-
fassungen brachte Julius Ferdinand Wollf auf den Punkt:
»Ponto hat ihn überraschend
vermenschlicht. Er kommt
nicht, wie sonst oft, von einer
langen Reise nach Hause und
singt nach einem kurzen Rezi-
tativ etwa: ›In diesen heiligen
Hallen.‹ Zu seinen charakte-
ristischen Zügen gehört das
Weggelassene. Nathan macht
keine Bundeslade auf und holt
feierlich die Tradition heraus
...« Pontos Nathan war kein
Prophet, kein spitzfindiger Rabbiner (auch diese Auffassung,
die die Figur in die Nähe Shylocks rückt, hat es gegeben), kein
erhabener Greis, kein Grübler. »In erster Linie ist er ein
Mensch, liebevoll besorgt um Recha, zu Neckerei geneigt
gegen Daja, bescheiden-selbstbewußt vor dem Sultan.« (Felix
Zimmermann) Die Figur war in Pontos Darstellung des alten
Nimbus gründlich entkleidet. »Ohne Pathos, ohne tönende
Weisheit (...) Gereinigt von allen Phrasen. Ein inneres Gleich-
gewicht beherrscht diesen Nathan. Er sucht nicht die Würde;
er hat sie.« So bewertete Friedrich Kummer die Leistung des
Darstellers. Und sein Resümee lautete: »Er ist als Gestalter des
Ganzen so bedeutend, daß er die Ringerzählung nicht ge-
braucht, um bedeutend zu sein.«

Bis zu seinem nächsten Gastspiel in Berlin Ende 1929
schlossen sich noch drei wesentliche künstlerische Aufgaben
an: der St. Just in *Dantons Tod,* Direktor Hassenreuter in
Hauptmanns *Die Ratten* und der Franz Moor. Während sich in
Büchners Schauspiel Bruno Decarli (als Robespierre – er hatte

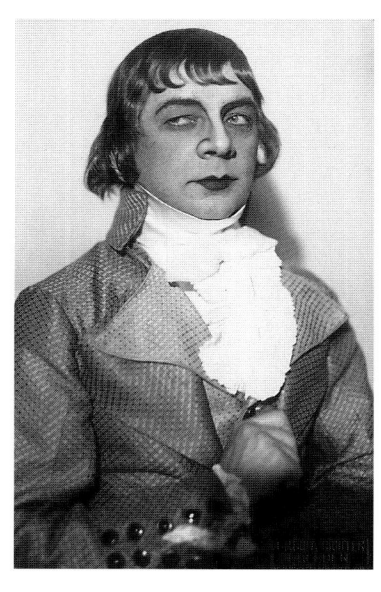

Als St. Just in Büchners *Dantons Tod*,
Dresden 1929

die Rolle bereits 1916 in Reinhardts bahnbrechender Berliner Inszenierung gespielt) und Erich Ponto als treibende Kräfte im Dezemvir ergänzten, trat in den *Räubern* (Premiere 8. 9. 1929) eine ähnliche Akzentverschiebung wie bei *Troilus und Cressida* ein. »Die Kunst Erich Pontos war von so bestimmender Gewalt, daß neben ihm kein Gegenspieler aufkam und daß das Schauspiel nunmehr eindeutig ›Franz, die Canaille‹ heißen mußte (...) Es mag nicht viele Varianten geben für diesen Franz (...) Ponto erspürte Fleisch und Blut. Derselbe Ponto, der im Nathan höchste Menschlichkeit und Güte verkörpert, vermenschlicht auch dies Abbild niedrigster Gemeinheit. Die Intrigantenfigur zerbricht unter dem Willen des Darstellers (...) Wenn Franz, die Canaille, sich selbst gerichtet hat, nach dieser großartig hingewuchteten Wahnsinnsszene, ist auch das Stück aus.« Dies der Eindruck von Karl Schönewolf. (Im November 1929 übernahm aufgrund von Pontos Berliner Verpflichtung dann Paul Hoffmann den Franz Moor).

Franz Josef Aufricht bereitete in seinem Theater am Schiffbauerdamm mit Erich Engel als Regisseur die Uraufführung eines Stückes von Hermann Ungar vor: *Die Gartenlaube.* Die Hauptrollen waren mit Hedwig Wangel, Hilde Körber, Erich Ponto, Oskar Sima, Theo Lingen und dem Komiker Szöke Szakall besetzt. Der Autor, durch Romane und sein Stück *Der rote General* (1928) hervorgetreten, stammte aus Mähren und arbeitete im diplomatischen Dienst, zunächst als Handelsattaché an der Tschechoslowakischen Gesandtschaft in Berlin, danach im Prager Außenministerium. Die Uraufführung der *Gartenlaube* am 12. Dezember 1929 erlebte er nicht mehr, er war zwei Monate vor der Premiere sechsunddreißigjährig gestorben. »Geht hinein – und seht, was wir verloren haben!« Mit diesen Worten schloss Alfred Kerr seine Kritik des Stückes, über dessen Inhalt es bei Aufricht heißt: »In einer tschechischen Kleinstadt, in einem wohlhabenden Bürgerhaus, will die junge Tochter des Hauses sich ihrer Jungfernschaft entledigen. Sie verlangt die Hilfe des Dieners Modlitzki. Dieser steht mit Vorbehalt zur Verfügung. Seine proletarische Würde muß gewahrt werden. Er tut es nur auf Anordnung des Fräuleins, nicht aber, weil er von einer Bourgeoise verführt wird. Als er die Vorhänge des Gartenpavillons zuzieht, verweist er das Mädchen: ›Und wage nicht, mir Erfrischungen anzubieten.‹

SCHAUSPIELHAUS

Sonntag, am 8. September 1929, Anfang ¹/₂8 Uhr
Außer Anrecht — In der neuen Einstudierung

DIE RÄUBER

Ein Schauspiel in fünf Akten von Schiller
Spielleitung: Georg Kiesau

Personen:

Maximilian, regierender Graf von Moor		Bruno Decarli
Karl ⎱ seine Söhne		Willi Kleinoschegg
Franz ⎰		Erich Ponto
Amalie von Edelreich		Antonia Dietrich
Spiegelberg		Paul Hoffmann
Schweizer		Heinz Woester
Grimm		Reinhold Bauer
Razmann	Libertiner, nachher Banditen . .	Fritz von Woedtke
Schufterle		Martin Hellberg
Roller		Alexis Posse
Schwarz		Frank Ostwald
Kosinsky		Wolfgang Engels
Hermann, Bastard von einem Edelmann		Adolf Wohlbrück
Daniel, Diener des Grafen von Moor		Walter Liedtke
Pastor Moser		Rudolf Schröder
Ein Pater		Walther Kottenkamp
Ein Bedienter		Adolf Winterheld
Räuber		Siegfried Lewinsky
		Paul Bühler
		Wilhelm Piltz
		Gustav Feidler
		Walter Bruns

Der Ort der Geschichte ist Deutschland. Die Zeit ungefähr zwei Jahre
Die Lieder „Hektors Abschied" und „Schön wie Engel" nach der
Komposition von Johann Friedrich Reichardt (1752—1814)
Musik (nach zeitgenössischen Meistern): **Arthur Chitz**
Bühnenbild: **Adolf Mahnke**, Einrichtung **Georg Brandt**
Trachten: **Leonhard Fanto**
Nach dem **zweiten** Akt (5. Bild) eine längere Pause
Sämtliche Plätze müssen vor Beginn der Vorstellung eingenommen werden

Krank: Paul Paulsen

Gekaufte Karten werden nur bei Änderung der Vorstellung zurückgenommen

Kassenöffnung ¹/₂7 Uhr
Einlaß ³/₄7 Uhr / Anfang ¹/₂8 Uhr / Ende nach ¹/₄11 Uhr

Der Vater plant eine Reise nach Paris. Die Studien und Vorbereitungen dauern Monate. Etwas verleidet ihm die volle Vorfreude. Alle Männer fahren allein zu einem bestimmten Zweck nach Paris. Er hat so etwas noch nie außerhalb des Hauses getan. Wie soll er in einer fremden Sprache dieses Neuland betreten? Modlitzki weiß den Ausweg: Der Herr soll es hier in der Heimat erledigen. Er arrangiert ein Rendezvous mit einer Person in seiner Kammer. Der Herr hat nachher den Kopf frei für die Sehenswürdigkeiten von Paris.«

Ponto spielte den auf Abenteuer versessenen Kleinbürger. »Ponto (der sinnete Sehnsüchtler – vormals hieß das: ›So'n bißchen Französisch ist doch ganz wunderschön‹) bleibt zu Beginn ein halb norddeutscher Kauz; indes gemeint ist: ein umständlicher Provinziale, wichtignehmend und zeremoniell. Am Schluß wächst aber Ponto herrlich in das tiefere Meschugge des Malvoliotyps hinein.« (Alfred Kerr)

Das Stück machte – nach Aussagen von Aufricht – Kasse und lief bis ins neue Jahr, sodass sich Pontos Dresdner Spielzeit sehr reduzierte, was auch 1930 der Fall sein sollte. Im Staatsschauspiel übernahm er seine Rollen, war Shylock, Pompejus (*Maß für Maß*), Mephisto und – als eine der wenigen neuen Aufgaben – Mosca in *Volpone* von Ben Jonson/Stefan Zweig. Dann folgten vom Sommer 1930 bis Jahresende zwei weitere Gastverpflichtungen bei Aufricht: die Uraufführung von Ernst Tollers *Feuer aus den Kesseln* und die Uraufführung von Paul Kornfelds *Jud Süß*.

Tollers historisches Schauspiel um die Vorgänge in der deutschen Kriegsmarine 1917/18 und den Kieler Matrosenaufstand unter Alwin Köbis und Max Reichpietsch hatte Hans Hinrich in den Bühnenbildern von Caspar Neher inszeniert. Albert Hoerrmann und Hermann Speelmans spielten die beiden Revolutionäre, Erich Ponto den Kriegsgerichtsrat Schuler, einen verkniffenen, kalten Untersuchungsbeamten. Die Premiere war am 31. August, doch trotz erfreulicher Presseresonanz blieb der geschäftliche Erfolg aus, was unter anderem wohl darauf zurückzuführen war, dass am gleichen Tag ein anderes Matrosenstück mit gleicher Thematik in einem anderen Berliner Theater in Szene ging: *Des Kaisers Kuli*, nach Theodor

Pliviers Roman in der Inszenierung von Erwin Piscator (Lessing-Theater).

Das durch das Toller-Stück entstandene finanzielle Manko versuchte Aufricht mit einem so genannten Kostümstück auszugleichen. Er nahm die Tragödie *Jud Süß* des deutsch-Prager Schriftstellers Paul Kornfeld zur Uraufführung an. Für die Inszenierung konnte der Generalintendant des Berliner Schauspielhauses am Gendarmenmarkt, Leopold Jessner, gewonnen werden. Der Autor – heute so gut wie vergessen – gehörte in den Zwanzigerjahren zu den beachteten und oft gespielten Dramatikern. 1933 emigrierte er nach Prag; dort hielt er sich nach dem Einmarsch der deutschen Truppen 1939 für einige Zeit versteckt, bis er aufgegriffen und ins Konzentrationslager Łodz deportiert wurde, wo er 1942 starb. In seinem Stück *Jud Süß* werden Aufstieg und Fall des Geschäftsmannes und Hoffaktors Joseph Süß Oppenheimer abgehandelt, der im 18. Jahrhundert im Herzogtum Württemberg zu Reichtum, Ansehen und Einfluss gelangte. Nach dem Tod des Herzogs fiel er dem Neid der Hofkamarilla, der Feindschaft der Landstände und dem geschürten Judenhass des Volkes zum Opfer. Kornfeld hatte das Stück 1930 – wie fünf Jahre zuvor Lion Feuchtwanger seinen Roman – gegen den in Deutschland um sich greifenden Antisemitismus geschrieben. Leider ließ die Inszenierung diesen Akzent weitgehend vermissen. Sie zeigte ein brillantes Kammerspiel, bei dem zwei wesentliche Szenen fehlten, »in denen die mißbrauchte Unwissenheit, die gelenkte Verblendung der Menge vor Augen geführt wurde«. (Hans-J. Weitz) Dadurch ging der aktuelle Bezug verloren. Immerhin endet Kornfelds Stück damit, dass dem Volke der Außenseiter, der Jude, geopfert und anschließend eine Diktatur etabliert wird – eine prophetische Sicht auf kommende unheilvolle Ereignisse.

Die Besetzung war blendend. »Für die Hauptrolle engagierten wir Ernst Deutsch, der sich schauspielerisch genau mit der Rolle deckte. Als Herzog holte ich den breiten, männlichen und sonnigen Schauspieler Otto Wernicke aus München nach Berlin. An die Spitze der Clique, deren Feindschaft sich Süß zugezogen hatte, stand ein Minister, von Erich Ponto gespielt.

61

Theo Lingen war ein intriganter Gesandter eines feindlichen Staates. Gina Falkenberg, Eleonore von Mendelssohn, Lotte Lenya, Hilde Körber gaben dem Ball seinen Glanz.« (Ernst Josef Aufricht) Die Dresdner Neuesten Nachrichten brachten am 10. Oktober 1930 eine Kurzkritik ihres Berlin-Korrespondenten. Er wusste von einer ungemein lebendig verlaufenen Aufführung zu berichten, in der Ponto hervorragend einen intriganten Minister spielte. (Das Stück, 1933 wie alle Werke Kornfelds auf den Index gesetzt, wurde in der Spielzeit 1987/88 erstmals wieder an den Städtischen Bühnen Nürnberg, Regie: Hansjörg Utzerath, gespielt.)

Zwei Verpflichtungen fallen noch in diese Berliner Phase: Zum einen entstand im Dezember 1930 die Schallplattenaufnahme ›Songs aus der Dreigroschenoper‹, auf der Pontos Stimme als Peachum festgehalten ist. Zum anderen erfolgte 1930 sein Einstieg in den Tonfilm. Der Streifen hieß *Der Mann, der den Mord beging*, eine Ehetragödie in Konstantinopel, die Kurt Bernhardt inszeniert hatte. Hauptdarsteller waren Conrad Veidt, Trude von Molo, Heinrich George und Erich Ponto, der, wie Herbert Jhering fand, »eine Erholung in der Feierlichkeit« war. Seine eigentliche Filmkarriere freilich sollte erst 1934 beginnen.

Abstecher ins Musiktheater

Zu den künstlerischen Aufgaben Pontos nach seinem Berlin-Gastspiel 1930 gehörten in Dresden der Bacon in Ferdinand Bruckners *Elisabeth von England*, der Dorfrichter Adam im *Zerbrochenen Krug*, Raimunds Rappelkopf, der Attinghausen im *Tell*, Bischof Gregor in Grillparzers Lustspiel *Weh dem, der lügt!* und der Zwirn in Nestroys Posse *Lumpazivagabundus*. Und er spielte Rollen in Operetten. Neuland bedeutete die Mitwirkung im musikalischen Theater für ihn nicht. Bereits in seinen Anfängerjahren war er auf diesem Gebiet beschäftigt worden. Und als das Staatliche Schauspielhaus Ende der Zwanzigerjahre dazu überging, auch heitere musikalische Werke in den Spielplan aufzunehmen, lag es nahe, auf bewährte und in diesem Genre erfahrene Kräfte zurückzugreifen. Ponto gehörte dazu. Er spielte im Sommer 1931 in *Caramba*, einer Belanglosigkeit von Haberer / Helasko / Halton,

Als Fürst Sigismund
in der Johann-Strauß-Operette
Prinz Methusalem, 1931

63

»von der man nicht gerade behaupten kann, daß sie ins Schauspielhaus gehört«, wie Friedrich Kummer fand, und in *Prinz Methusalem* von Johann Strauß. Die Inszenierung von Waldemar Staegemann stand gesanglich auf den Opernsolisten Maria Elsner und Martin Kremer und wurde musikalisch geleitet von Fritz Busch (Oktober 1931). Ponto war Fürst Sigismund, dessen Tochter den Titelhelden liebt, ihn heiratet und mit einer gefälschten Order ihres Vaters schließlich einen drohenden Krieg abwendet. Über Pontos Serenissimus-Figur urteilte der Dresdner Anzeiger: »Man weiß zuvor, was alles dieser außerordentliche Künstler n i c h t tun wird, aber man ahnt nicht, wie er die Vision des Komischen verwirklichen wird. Und das geschieht dann in einer Weise, die verblüffend einfach ist: Er teilt dem Blödsinn, den er zu mimen hat, etwas von einem erhabenen Humor mit; ich möchte sagen: er spielt den gütigen Papa, der seinem Kinde doch eine Hochzeit unter großem ›Pump‹ bescheren möchte. Wie dieser Schauspieler im dritten (dem besten) Akt alle Register der Lächerlichkeit zieht, das ist in der Wirkung nicht zu überbieten.«

Ein besonderes Vergnügen bereitete dem Publikum im Dezember 1932 die Einstudierung der *Schönen Galathee* von Franz von Suppé. Das Stück war angekündigt als ›Komisch-mythologische Oper in drei Bildern‹. Den ursprünglichen Text von Poly Henrion hatten Kurt Robitschek, Max Hansen und Paul Morgan, drei versierte Vertreter der leichten Muse und des Kabaretts, bearbeitet. Die Dresdner Inszenierung stammte von Josef Gielen, am Pult stand Fritz Busch. Suppés Werk war Teil einer Wohltätigkeitsveranstaltung zugunsten der »Dresdner Winterhilfe und der Unterstützungskasse des Ortsverbandes der Bühnengenossenschaft«, wie es in der Presse hieß. Im ersten Teil dieser Nachtvorstellung im Opernhaus dominierten neben Soloauftritten von Maria Cebotari und Maria Elsner Mitglieder des Schauspielensembles in drei heiteren Kurzdramen. Nach diesem lockeren Programmteil folgte mit Suppés *Galathee* ein abgeschlossenes Werk. Der Erfolg des Einakters um die Statue Galathee, die lebendig wird und wieder erstarrt, war außerordentlich groß. Ponto und Hoffmann gaben »zwei wahrhaft klassische Bohemiens der Antike, Ponto auch in der

Parodie des witzig zeitgemäßen Athener Journalisten ein Künstler, ein Menschendarsteller von zauberischer Kraft. Hoffmann ein liebenswürdig-kecker Kölnisch-Athenischer Spaßmacher in schottischer Phantasiegewandung, ein charmanter Coupletsänger. Die beiden Schauspieler gaben dem Ganzen Schwung, Schmiß und Kontakt mit dem Publikum.« (Dresdner Anzeiger)

Aus dieser Inszenierung hat Paul Hoffmann eine Episode übermittelt: »Wir spielten (…) unter Fritz Busch in der Dresdner Staatsoper die von Robitschek bearbeitete Galathee (…) mit Ponto als Mydas. Max Lorenz, der damals noch Anfänger war, so wie ich, der sang den Pygmalion, ich war Ganymed. Und ich erinnere mich noch, da ist ein Terzett drin zwischen dem Tenor, dem Lorenz, dem Mydas und mir, der Text ging: ›Denn was in der Zeitung steht, ist das Amen im Gebet‹, da wurde also immer eins gezählt nach dem ersten Satz. Auf den Proben haben wir das immer gemacht, aber am Abend ging das nicht mehr, und da haben wir immer bei ›denn was in der Zeitung steht‹ statt eins mit dem Kopf genickt. Fritz Busch hat Tränen gelacht über die Schauspieler, die sich bemühten, den Takt zu halten. Aber auch da wieder eine gewisse Ironie, die beiden Schauspieler waren richtig und der Lorenz hat geschmissen.«

Die Schöne Galathee wurde später – gekoppelt mit dem Offenbach-Einakter *Die Insel Tulipatan* – ins Repertoire der Staatsoper übernommen, wodurch Ponto einmal mehr auf der Bühne dieses Hauses stand. Hatte er doch schon 1925 in der Uraufführung von Ferruccio Busonis Oper *Doktor Faust* (Regie Alfred Reucker, musikalische Leitung Fritz Busch) den Prolog gesprochen.

Die Faschingszeit forderte wie alljährlich so auch 1933 trotz der eingetretenen politischen Veränderungen, die sich schon bald künstlerisch und personell auswirken sollten, ihren Tribut und bescherte den Dresdnern im Schauspielhaus abermals eine Operette. Sie hieß *Traum einer Nacht*, basierte auf einem Roman mit kriminalistischem Einschlag, stammte textlich von Ludwig Wolff und Carl Behr und musikalisch von Hans May (mit Liedern von Robert Gilbert). Arthur Chitz hatte die musikalische Leitung und Josef Gielen die Regie. »… was uns gestern im Schauspielhaus als ein wahres Feuerwerk von Darstellung, Musik, Gesang, Tanz, Farbe und Form überraschte, das war wirklich ein Glanzstück theaterfreudig-spritziger Regiekunst«, hieß es im Dresdner Anzeiger. Abermals dominierte Maria Elsner, zeigten die operettenerfahrenen Darsteller ihr Können. Namentlich Erich Ponto als Kabarettdirektor Süßkind aus Galizien und Luis Rainer als österreichischer Generalstabsoffizier machten den Abend zum Erlebnis. Ponto, so urteilte die Presse, der »nicht allein aufs feinste eine Charaktertype zeichnet, der nicht nur wieder seine überlegen spielende Musikalität bewährt, sondern der auch mit den ergötzlichsten Extempores schallend Heiterkeit erweckt – das Wagnerjahr hat's ihm diesmal besonders angetan«. Neben ihm beeindruckte Luis Rainer, der im zweiten Akt alle Register seines zirzensischen Könnens zog, indem er »Zigaretten verschwinden läßt, Tücher und Zylinderhüte verbrennt und unversehrt zurückgibt, der ein lebendiges Meerschweinchen aus dem Topfe holt und dabei dem guten General seine Schlüssel aus der Tasche heraus- und wieder hineinpraktiziert. Rainer spielt, singt, tänzelt, zaubert staunenswert.«

Auch 1934 und 1935 sollten die Staatsschauspiel-Mitglieder Gelegenheit haben, in Operetten aufzutreten, wobei beide Werke von Eduard Künneke stammten. *Glückliche Reise* – mit Lizzi Waldmüller und der Opernsängerin Hilde Clairfried – hatte im Februar 1934 Premiere, *Herz über Bord* mit Fee von Reichlin und Tino Pattiera, dem Publikumsliebling der Dresdner Opernfreunde, im Mai des folgenden Jahres. *Glückliche Reise*, während der Faschingszeit in Szene gegangen, »um auf diese herzhafte Weise das Haus und die Kasse zu füllen« (Hellmut Fleischhauer), zeigte Erich Ponto als Kapitän Brangersen, dessen Schiff die beiden Farmer zu ihren Briefpartnerinnen in die Heimat bringt. Josef Gielens Inszenierung reihte »Perle an Perle, Finesse an Finesse. Da geht das gesprochene und das gesungene Lustspiel mit Witz, Eleganz und leichter Karikatur eine wirbelnde Einheit ein, bei der man die Einzelheiten kaum noch erfassen kann. Die Tonfilmoperette ist mit einer erstaunlichen Sicherheit und Wendigkeit auf die Bühne gleichsam zurückversetzt. Man hat großen Spaß daran.« (Dresdner Anzeiger)

In *Herz über Bord* war Ponto nicht besetzt, doch die *Glückliche Reise* sollte nicht sein letzter Auftritt in einem musikalischen Werk sein. Acht Jahre später spielte er in Ferdinand Raimunds Zaubermärchen *Der Verschwender* den Valentin, dessen Hobellied (»Da streiten sich die Leut herum/oft um den Wert des Glücks«) anrührte und ergriff; und am Deutschen Theater Berlin war er 1942 Partner von Lizzi Waldmüller in der musikalischen Burleske *Meine Nichte Susanne.*

SCHAUSPIELHAUS

Sonntag, am 26. Februar 1933, Anfang 8 Uhr

Außer Anrecht

Zum ersten Male

Traum einer Nacht

Operette in drei Akten

(nach dem gleichnamigen Roman „Krieg im Dunkeln")

von Ludwig Wolff und Carl Behr

Gesangstexte: Robert Gilbert / Musik: Hans May

Spielleitung: **Josef Gielen**   Musikalische Leitung: **Arthur Chitz**

Tänze: **Ellen von Cleve-Petz**

Personen:

Anna Golubjew	Alice Verden
General Franz Joseph von Buschgard	Willi Kleinoschegg
Ernestine, seine Tochter	Maria Elsner
Baronin Veronika von Heinersdorff	Stella David
Hauptmann Georg von Heinersdorff	Paul Hoffmann
Janos, sein Bursche	Martin Hellberg
Bogdanowitsch, Major im österr. Generalstab	Luis Rainer
Korsuchin, General der russ. Armee	Walther Kottenkamp
Sein Adjutant	Alexis Posse
Süßkind, Kabarettdirektor	Erich Ponto
Wachtmeister	Reinhold Bauer
Erster Kurier	Walter Liedtke
Erster } Offizier	{ Wolfgang Bellmann
Zweiter }	{ Hans Zschocke
Diener	Siegfried Lewinsky
Reserl, die Zofe	Carla Hacker

Österr. Offiziere und ihre Damen, Herren und Damen der russ. Gesellschaft, Tänzer und Tänzerinnen.

Zeit der Handlung: Vor dem Kriege.

Ort der Handlung:

1. Akt: Wien, Zimmer von Heinersdorff.
2. Akt: Festsaal in einer russischen Grenzfestung.
3. Akt: Auf dem Gute der Baronin Veronika von Heinersdorff an der russischen Grenze.

67

Thalia im Dämmerlicht

Dramenzyklen aus bestimmten Anlässen gehörten in Dresden zur Spezifik des Schauspiels. 1930 stand Shakespeare mit neun Dramen auf dem Programm, im Sommer 1931 waren es deutsche Lustspiele. »Man gab Goethes ›Geschwister‹ und Kleists ›Zerbrochenen Krug‹, Lessings ›Minna von Barnhelm‹ und Anzengrubers ›G'wissenswurm‹, Hauptmanns ›Schluck und Jau‹ und Raimunds ›Alpenkönig und Menschenfeind‹, Mosers ›Bibliothekar‹, Nestroys ›Lumpazivagabundus‹ und schließlich Grillparzers ›Weh dem, der lügt‹.« (Martin Hellberg)

Erich Ponto war an diesen Zyklen maßgeblich beteiligt, auch an denen des Jahres 1932. Sie galten dem 100. Todestag Goethes und dem 70. Geburtstag Gerhart Hauptmanns. »In zwei Wochen, vom 5. bis 22. März, sind zwölf Dramen Goethes gespielt worden, nur der ›Tasso‹ hat, einer Erkrankung wegen, in der Reihe gefehlt, die von der ›Laune des Verliebten‹ bis zum 2. ›Faust‹ das Wichtigste aus Goethes dramatischem Schaffen umfaßte«, bewerteten die Dresdner Nachrichten das – verglichen mit anderen Theatern – opulente Angebot. Ponto spielte in beiden Teilen des *Faust* den Mephisto. Für Felix Zimmermann war er »als Narr und eigentlicher Herr des Zaubers überzeugend. Er blieb es am ganzen Abend, weil er auf Mätzchen verzichtete, die große Aufgabe Mephistos ernst nahm, bitterer, böser, herrischer war als im ersten Teil. Obwohl Mephistos Bedeutung in der Dichtung immer mehr sinkt, hielt Ponto ihn doch dank dieser Zügelung bis zu der großen Szene der Grablegung im Vordergrund und erschien zuletzt im höllischen Liebesfieber mit der ganzen grotesken Komik des geprellten Teufels aus der Sage.«

Für die Gerhart-Hauptmann-Festwoche vom 12. bis 19. November waren *Die versunkene Glocke* und das Bauernkriegsdrama *Florian Geyer* neu einstudiert. Erich Ponto spielte erstmals den Pfarrer in der *Versunkenen Glocke* und fügte damit seinen zahlreichen geistlichen Würdenträgern eine weitere ›Priesterrolle‹ hinzu. In *Florian Geyer* war er der Feldschreiber Löffelholz, in den *Ratten* Direktor Hassenreuter und in den *Jungfern vom Bischofsberg* der Bibliothekar Doktor Kozakiewicz. Mit diesem Lustspiel gastierten die Dresdner zur Hauptmann-Ehrung im Deutschen Theater in Prag. Das war Ende November 1932, zu jenem Zeitpunkt, als im Dresdner Stadtparlament infolge der Kommunalwahlen eine entscheidende Veränderung des politischen Kräfteverhältnisses vor sich ging. Die Nationalsozialisten wurden mit 22 Abgeordneten zur stärksten Fraktion in der Stadtverordnetenversammlung. Was sie bereits 1929 von den Staatstheatern gefordert hatten, nämlich eine »deutsche« Kulturstätte zu werden und »deutsche Kulturaufgaben zu erfüllen«, sollten sie bald durchsetzen.

Theater unter braunem Himmel

Die beiden Ehrungen des Jahres 1932 mit ihren humanistischen Botschaften waren der Abglanz einer Epoche, die mit dem 30. Januar 1933 endete. Fortan galten andere ›Ideale‹, Spielregeln und Methoden. Das sollten die Sächsischen Staatstheater am 7. März 1933 – zwei Tage nach den Reichstagswahlen – zu spüren bekommen. Paul Hoffmann berichtet: »Die Machtergreifung der Nazis am Theater war so usurpatorisch wie das ganze Regime. Wir spielten in der Oper (…) ›Rigoletto‹ und im Schauspielhaus eine Operette, in der ich mitwirkte. In der Pause verbreitete sich das Gerücht, daß in der Oper Fritz Busch ausgepfiffen worden sei und daß Kapellmeister Kurt Striegler schon bereit gestanden hätte, ihn am Pult der Kapelle abzulösen. Unter dem Gejohle und Gepfeife der SA wurde der Dirigent aus dem Theater getrieben. Etwas später kam die bewaffnete SA durch den Zwinger auch ins Schauspielhaus. Mit vorgehaltenem Revolver wurde der Regisseur des Abends, Josef Gielen, gezwungen, vor den Vorhang zu treten, um das Publikum von der Besetzung des Hauses durch die SA zu informieren. Am nächsten Tag wurde Generalintendant Dr. Alfred Reucker in der Generaldirektion im Taschenberg-Palais gezwungen, Mantel und Hut zu nehmen und zu gehen. Das war der traurige Beginn eines dunklen Kapitels.«

Einer der neuen Herren hieß Alexis Posse, Schauspieler ab 1926/27 am Staatstheater und Gaukunstwart der NSDAP, der den ›Staatsstreich‹ gegen Fritz Busch organisiert hatte und die Rückendeckung des neuen Ministerpräsidenten von Sachsen, Manfred von Killinger, besaß. Weitere Rollen in diesem Szenario fielen auf Rudolf Schröder, nun Schauspieldirektor und

Nachfolger des zum Oberspielleiter zurückgestuften Georg Kiesau, sowie auf den Theaterfriseur Franz Heger, der seit 1920 Kontakte zur NSDAP hatte, 1932 für diese Partei ins Dresdner Stadtparlament gelangt war und sich nun als Direktor bei der Intendanz vorzugsweise in SS-Uniform zeigte. Als Generalintendant stand Geheimrat Dr. Paul Adolph zur Verfügung. Was er von seinen Mitgliedern erwartete und wie er seine Amtsführung auszurichten gedachte, geht aus einem Aufruf an das Gesamtpersonal der Sächsischen Staatstheater zu Beginn der Spielzeit 1933/34 hervor. Da heißt es: »Die Verpflichtung, die ich gewillt bin m i t I h n e n a l l e n der Staatsregierung und dem unvergleichlichen Führer des deutschen Volkes – A d o l f H i t l e r – gegenüber zu übernehmen, werde ich mit dem vollen Einsatz meiner Person und den zuständigen politischen Führern gewährleisten (...) Ich erwarte von jedem dem Verbande der Staatstheater angehörenden Angestellten, daß er sich eingliedert in die Gemeinschaft der neuen Staatsidee, daß er mithilft an dieser Aufbauarbeit, die in Zukunft ein freies, völkisches und auf sozialer Grundlage aufgebautes Deutschland schaffen soll, zum Wohle aller deutschen Volksgenossen.«

Zum Zeitpunkt dieser Verlautbarung war das Schauspielpersonal bereits von ›unzuverlässigen Elementen‹ gesäubert. Der Dramaturg Dr. Karl Wolff und der Schauspieler Martin Hellberg hatten ihre Entlassung erhalten, anderen – wie Jenny Schaffer, Dr. Arthur Chitz und Siegfried Lewinsky – stand ihre ›Versetzung in den Ruhestand‹, wie ihr unfreiwilliges Ausscheiden offiziell deklariert wurde, für 1934 noch bevor. Der Weg in die Gleich- und Ausschaltung hatte begonnen.

Der politische Umbruch schlug sich ablesbar auch im Spielplan nieder. Die ›rassemäßigen Voraussetzungen‹ wurden das entscheidende Kriterium für Kunst- und Theaterpolitik. Dr. Rainer Schlösser, Goebbels-Adlatus und Leiter der Reichstheaterkammer, brachte die Absichten der neuen Herren bereits im Februar 1933 auf den Punkt: »Schluß mit der Herabsetzung des völkischen Gedankens, Schluß mit dem Negerkult und den sensationellen Reißern, Schluß mit der offenen bolschewistischen Propaganda und der Verhöhnung des heldischen Ideals.

Schluß mit den Geschichtsfälschungen und der Verherrlichung der Unterwelt!«

An die Stelle der bisherigen ›artfremden, undeutschen Kunst‹ hatte nun eine völkische zu treten, auch im Theater, wo zunächst das Volksstück dominierte, das Heimatgefühle weckt und vermittelt. Und abermals ist es ein Zyklus, der diese Entwicklung in Dresden einleitet. Er war ›Deutsche Heimat‹ betitelt und fasste verschiedene Stücke ›aus deutschen Gauen‹ zusammen: *Der Zwischenfall*, eine Kleinstadtgeschichte des Bayern Joseph Maria Lutz, *Datterich* von dem Darmstädter Ernst Elias Niebergall, *Das Kind*, eine Holsteiner Komödie von Ottomar Enking und Emil Rosenows Komödie aus dem Erzgebirge: *Kater Lampe*. Der Dresdner Anzeiger schätzte ein: »Freudiger und besser denn je weiß heute jeder Theaterbesucher diese prächtigen Volks- und Dialektstücke in einen größeren Rahmen einzufügen, in den größten und wichtigsten überhaupt, der unser Leben einschließt: die wirkende, ewig frische Volksgemeinschaft.« Die Aufführungen vermittelten Idylle, sparten nicht mit der Betonung des Bodenständigen, dem Zug zum Schlichten und Einfachen, der als deutscher Wesenszug verstanden werden sollte, und sie zeigten »im besten Sinne Heimatkunst«. (Dresdner Anzeiger) Diese Linie fand 1934 mit zwei weiteren Titeln ihre Fortsetzung: *Ein deutsches Herz*, ein Spiel um Ludwig Richter von Kurt Arnold Findeisen (Uraufführung zum 50. Todestag des Künstlers), und mit der Uraufführung von *Der Brandner Kaspar schaut ins Paradies* von Joseph Maria Lutz. Erich Ponto spielte in allen diesen Stücken (die natürlich auch als ›Nische‹ angesehen werden können): Er war Datterich, Ludwig Richter, Gemeindediener Seifert, der alte Knees (*Das Kind*), der philosophierende Laternenanzünder Christoph (*Der Zwischenfall*) und der Boarnlkramer (der Tod), der vom Brandner Kaspar, einem achtzigjährigen schlitzohrigen Waldwärter und Jäger, überlistet wird. Durch diese vielfältige Verpflichtung ging so mancher Kelch an ihm vorbei. Denn nun erschienen im Dresdner Spielplan auch Stücke mit eindeutiger NS-Tendenz: *Andreas Hollmann* von Hans-Christoph Kaergel als Uraufführung, das die ›Not der Sudetendeutschen‹, »die in fremdem Staate leben müssen«, zum Inhalt hat (Februar 1933), *Schlageter* von Hanns Johst, der zu Hitlers Geburtstag herauskam, und die Uraufführung eines Frontstückes *Jugend von Langemarck* von Heinrich Zerkaulen (November 1933). Mit diesem Engagement für das ›neue Drama‹ legitimierte sich Dresden nach wie vor als Uraufführungsbühne, empfahl sich aber auch als Veranstaltungsort der 1. Reichs-Theaterfestwoche, die vom 27. Mai bis 3. Juni 1934 stattfand und in die Oper wie Schauspiel gleichermaßen eingebunden waren. Nach den Intentionen von Dr. Schlösser sollte die Reichs-Theaterfestwoche mehr sein als nur der feierliche Abschluss einer Spielzeit oder das Fest einer einzigen Bühne. Sie galt als »Ereignis des Reiches (...), das sich zur Kunst bekennt«, worunter in erster Linie die deutsche Kunst zu verstehen war. Demzufolge dominierten Richard Wagner, Richard Strauss (der seine *Arabella* selbst dirigierte), Carl Maria von Weber, Beethoven, Gluck und Händel. Im Schauspiel repräsentierten die ›deutsche‹ Kunst Kleist mit *Prinz Friedrich von Homburg*, Schiller mit *Wilhelm Tell* sowie *Kabale und Liebe* (als Ensemblegastspiel aus Weimar), Goethe, J. v. Eichendorff, der Dresdner Hausautor Otto Erler. Hinzu kamen Shakespeares *Coriolanus* und Ibsens *Peer Gynt* in der Nachdichtung und Bearbeitung von Dietrich Eckard, einem ›Kampfgefährten‹ Hitlers aus der Münchner Zeit.

Alle Darsteller, auch Ponto, waren bei dieser Präsentation in die Pflicht genommen. Ponto spielte in fast allen Stücken, hatte aber einen besonderen Erfolg als Schauspieler Flitt in Eichendorffs Lustspiel *Die Freier*. Das aus dem Rahmen der Reichs-Theaterfestwoche ziemlich herausfallende romantische Stück hatte der Komponist Mark Lothar mit Liedvertonungen, Zwischenspielen und Untermalungen versehen und Georg Kiesau mit großem Feingefühl stimmungsvoll inszeniert. Ponto und Paul Hoffmann verkörperten ein köstliches Vagabundenpaar. »Ponto stellt – fast aus dem Eichendorff-Rahmen heraustretend – eine Komödiengestalt von Hoffmannesker, genialisch verwilderter Prägung hin, in deren großer Szene am Morgen vor dem Schloß die Funken großer Darstellungskunst blitzen. Hoffmanns Musikant Schlender ist eine Spitzwegfigur ganz aus dem Geiste der Volkstheaterkomik, die er mit tausend Einzelheiten treffend zu charakterisieren weiß.« (Dresdner Anzeiger)

Die Reichstheaterwoche ließ in Umrissen bereits erkennen, worin die Arbeit des Schauspielhauses zukünftig bestehen würde. Der Dramaturg Dr. Nufer gab in einem Artikel die weitere Richtung an: »Sie geht aus vom gesicherten Kulturbestand der Nation, von den Klassikern«, wird da proklamiert. Als weitere Aufgabe erkannte er, dass Theater »wirksamer Künder der nationalsozialistischen Weltanschauung zu sein« habe, was sich in den folgenden Jahren in einer Vielzahl von Stücken, zum Teil in Dresden uraufgeführt, niederschlug. Sie handelten von Vaterland und Reich, der germanischen Mythologie und Sagenwelt, von Kriegserlebnis, Heldentum und Heldentod, von Volksführern in der Geschichte und von Volksgemeinschaft. Schließlich sollten, so Nufer, zeitgemäße Konversationsstücke Berücksichtigung finden, an denen es im Dresdner Spielplan bis 1944 nicht mangelte und wovon Erich Ponto profitierte.

Betrachtet man seine Dresdner Jahre während der Hitlerzeit, ergibt sich ein vielschichtiges Bild. Zum einen war er, der die Kunst der Weimarer Republik, besonders durch seine Berliner Gastspiele, vertreten hatte, den neuen Machthabern suspekt, und sie verhörten ihn wiederholt. Zum anderen kamen sie aber weder an seiner Integrität und künstlerischen Bedeutung noch an seiner Popularität, die er nicht nur in Dresden genoss, vorbei. Obwohl er sich den Herrschenden und ihrer Partei gegenüber distanziert verhielt, wussten die ihn zu umgarnen. Am 20. April 1938 wurde ihm und weiteren Bühnenkünstlern der Titel Staatsschauspieler verliehen.

Seine künstlerischen Erträge zwischen 1933 und 1944 sind durchaus erheblich. Er spielte wesentliche klassische Rollen, Lustspiele, die durch ihn zu Erfolgen wurden, startete eine zweite Karriere beim Film mit einer konstanten Beschäftigung über Jahre hinweg, und sein Weg führte ihn abermals nach Berlin, diesmal an das Deutsche Theater unter Heinz Hilpert, dessen Ensemble er gastweise ab 1936 angehörte. Am Beginn seiner Gastspiele nach 1933 steht allerdings ein Auftritt außerhalb des Reiches: am 17. und 18. Oktober 1933 in Reichenberg.

Als Gast an alter Wirkungsstätte

Neun Monate waren die Nazis in Deutschland an der Macht, hatten ihre kunstpolitischen Vorstellungen mit Druck und Gewalt durchzusetzen, Ensembles und Spielpläne zu ›säubern‹ begonnen und Tausende amtsenthoben, entlassen, außer Landes getrieben oder inhaftiert, als Reichenberg das 50-jährige Bestehen seines Theaters beging und Künstler zu Gastauftritten verpflichtete, die sich mit dieser Bühne verbunden fühlten und für deren Werdegang die nordböhmische Theaterstadt wichtig war. Paul Hörbiger gehörte dazu, die Dresdner Schauspielerin Grete Volckmar (sie trat als Gerhart Hauptmanns *Griselda* auf), Leo Slezak gab an mehreren Abenden den Nasoni in Millöckers *Gasparone*, Robert Stolz dirigierte seine Operette *Venus in Seide*, und Erich Ponto, der dem Reichenberger Publikum einen – wie es in der Presse hieß – unvergesslichen Nathan schenkte. Seine Rolleninterpretation glich der 1929 mit Josef Gielen erarbeiteten. Die Reichenberger Zeitung berichtete: »Der pathetische Nathan der früheren Jahrzehnte trat vollkommen zurück. Erich Ponto schuf den Nathan erheiternder Überlegenheit, die Stimme des Weisen, aus düsterer Lebenserfahrung und tiefem Menschentum erklingend. Er ließ die Sonne eines reinen Herzens glühen, Weichheit und Kraft vereinigten sich und aus dem Lächeln einer stiller Seele klang das Urteil der Ringparabel empor (...) Keiner hätte die funkelnde Sprache Lessings heller aufleuchten lassen können als er. Siegend erreichte er das Ziel, die Schatten des Tragischen in lächelnde Lebenskräfte umzuwandeln (...) Der Erfolg war außerordentlich. Schade, daß er nicht den Widerhall eines vollen Hauses fand! Denn auch die übrigen Schauspieler hatten sich der Auffassung Pontos angeglichen.« Zu ihnen gehörte Alfred Balthoff als Derwisch. Regisseur des Abends war Heinrich Orell, der schon zu Pontos Reichenberger Zeit an diesem Theater arbeitete und ihn in so mancher Inszenierung wirkungsvoll zu positionieren wusste.

Und in einer anderen Hinsicht waren die Reichenberger Festwochen bedeutsam: Verdeutlichten sie doch die Risse, die das deutsche Theater seit Hitlers Herrschaftsantritt durchzogen. Wie bei den Salzburger und den Eger-Festspielen 1934 wirkten neben einheimischen, das heißt sudetendeutschen, und reichsdeutschen Künstlern nun auch Darsteller mit, die Deutschland aus rassischen oder politischen Gründen verlassen hatten. So gastierte im September 1933 das ehemalige Berliner Staatstheater-Mitglied Wolfgang Heinz als Napoleon in dem Stück *Hundert Tage* von Benito Mussolini und Giovacchino Forzano in Reichenberg und stand mit Kollegen auf der Bühne, die seiner Flucht aus Deutschland kaum Verständnis entgegenbrachten. In der Ankündigung dieses Gastspiels war freilich von dem Emigranten Heinz nicht die Rede.

Ob Pontos Reichenberger Gastspiel in Dresden Konsequenzen nach sich zog, denn er war viel zu gewissenhaft, um nicht Urlaub eingereicht zu haben, ließ sich nicht ermitteln. Tatsache ist jedoch, dass es ihm trotz seines hohen Ansehens nicht mehr möglich war, den nun favorisierten völkischen Stücken gänzlich auszuweichen.

Vom Dritten Richard zum Weißen Heiland

Die Mitwirkung in Stücken wie *Das Spiel von den deutschen Ahnen* von Max Mell, *Das Frankenburger Würfelspiel* von Eberhard Wolfgang Möller oder im Schauspiel *Gregor und Heinrich* von E. G. Kolbenheyer, das dem »auferstehenden deutschen Geist« gewidmet war, ließ sich nicht umgehen und musste ertragen werden. Dafür entschädigten klassische Aufgaben, an denen es in den Jahren bis 1944 nicht mangelte. Es ist – betrachtet man den Spielplan des Dresdner Schauspielhauses im ›Dritten Reich‹ – ziemlich auffällig, dass im Laufe der Jahre der Anteil der NS-intendierten Dramen immer geringer wurde und Klassiker desto häufiger erschienen. Besonders nach Kriegsausbruch 1939 ist diese Verschiebung evident. Im Kalenderjahr 1941 stehen nur wenige der Nazi-Ideologie verpflichtete Dramen einer Vielzahl von klassischen Werken (etwa 20) und Unterhaltungsstücken (etwa 12) gegenüber. 1935 war das Verhältnis fast 50 zu 50 gewesen.

Von dieser Entwicklung profitierte Ponto. Zwischen 1934 und 1944 spielte er u. a. Shakespeares *Richard III.*, den Truffaldino in Goldonis *Der Diener zweier Herren*, den Stadthauptmann in Gogols *Revisor* (alle 1935). 1936 ist er der Leporello in Christian Dietrich Grabbes *Don Juan und Faust*, 1937 der Wann in Gerhart Hauptmanns Glashüttenmärchen *Und Pippa tanzt* und Smolk von Brake, eine Spukgestalt, in Manfred Hausmanns *Lilofee*. In *Des Meeres und der Liebe Wellen* von Grillparzer gab er den Oberpriester, im *Sommernachtstraum* nach dem Puck nun den Zettel (beide 1939). Als Hilmar Tönnesen trat er 1940 in Ibsens *Stützen der Gesellschaft* auf, 1941 als Piepenbrink in den *Journalisten*. Das Kalenderjahr 1942

Als Richard III., 1935

hielt zwei Paraderollen für
ihn bereit: den Valentin (*Der
Verschwender* von Ferdinand
Raimund) und den Kaiser
Montezuma in *Der weiße
Heiland* von Gerhart Haupt-
mann.

Einige dieser Inszenie-
rungen gehörten während
der Nazizeit zu den großen
Theaterabenden in Dresden.
Das gilt insbesondere für *Richard III.*, obgleich in Dresden nicht versucht worden
war, die grausigen Vorgänge
des Stückes zur braunen
Gegenwart in Beziehung zu
setzen, wie es 1937 in der
Berliner Fehling-Inszenie-
rung geschah. Rudolf Schröder ließ in seiner Einstudierung
keine Parallelen erkennen. Zum besseren Verständnis der
historischen Vorgänge (Rosenkriege) hatte er dem Stück
zwei kurze Szenen aus dem Schlussakt des dritten Teils von
Heinrich VI. vorangestellt, die den Anfang der Gräuel Richard
Glosters verdeutlichen sollten. Die Titelrolle war mit Erich
Ponto besetzt. Er bot – nach Ansicht der Dresdner Neuesten Nachrichten – »eine grandiose Leistung«. Er beherrschte
die ganze Skala der Leidenschaft des Bösen; Antrieb und
Werkzeuge seines verderblichen Tuns waren Brutalität, Wut,
Hass, Misstrauen, Herrschsucht, Mordlust; dafür setzte er Täuschung, Heuchelei und Verstellung ein. »Wir schaudern vor
dem grausigen Ernst, mit dem er dieses dämonische Spiel des
Bösen in die Wirklichkeit eines unerbittlichen Renaissance-
Menschentums verwandelt (...) Unstet, ungleich, hell schrei-
end und verworren flüsternd, boshaft, giftig, verschlagen und
grausam – aus tausend Einzelzügen, kurzen Bewegungen und

einem unerhört beweglichen Minenspiel baut er die Gestalt, führt sie bis an die Grenze des Möglichen, des Erträglichen.« (Dresdner Anzeiger)

Der Verschwender gehörte wie *Kater Lampe* und *Die Journalisten* zu den Stücken, die im Dresdner Spielplan periodisch wiederkehrten. Die Geschichte vom reichen Herrn von Flottwell, der viele Freunde um sich sieht, solange bei ihm etwas zu holen ist, der schließlich als Bettler vor seinem Schloss sitzt und dem durch seinen treuen Diener Valentin Hilfe in der Not zuteil wird, hatten in Dresden zuletzt Alexander Wierth (Flottwell) und Alfred Meyer (Valentin) gespielt. 1942 waren die Rollen mit Carl Günther (1940 ins Ensemble gekommen) und Erich Ponto besetzt. Ponto traf nach übereinstimmender Meinung den gemütvoll-poetischen Ton des Raimund'schen Zaubermärchens am besten; sein kreuzbraver Tischler stand im Mittelpunkt der von Karl Hans Böhm besorgten Inszenierung und beeindruckte durch seine Schlichtheit, Herzenswärme und seinen feinen Humor.

Eine köstliche Studie hatte Ponto ein Jahr zuvor mit dem Piepenbrink (*Die Journalisten*) geliefert. Das Stück um Wahlkandidaten und Stimmenfang, Parteiengezänk und Zeitungsfehde war vor 1945 häufig in den Theaterspielplänen anzutreffen, nicht zuletzt wegen seiner dankbaren Rollen. Manche Literaturkenner zählten es zu den bedeutenden deutschen Lustspielen und wiesen ihm einen Platz zwischen dem *Zerbrochenen Krug* und dem *Biberpelz* zu. Neunzig Jahre war es inzwischen alt, doch es amüsierte das Publikum immer noch (Regie Victor Ahlers). Die Dresdner Besetzung ließ aber auch keine Wünsche offen. Paul Hoffmann als gewandter, eleganter und charmanter Redakteur Konrad Bolz, Erich Ponto als verschmitzter, jovialer Weinhändler Piepenbrink,

Als Piepenbrink
in *Die Journalisten*, 1941

79

Walther Kottenkamp als akkurater Oberst Berg und Ruth Wolfsperger, die neue Dresdner Salondame, als verführerische Adelheid Runeck ließen das bürgerliche Lebensbild aus der Mitte des 19. Jahrhunderts blutvoll auferstehen.

Den 80. Geburtstag von Gerhart Hauptmann 1942 beging das dem Dichter eng verbundene Dresdner Staatsschauspiel mit einer Aufführung seiner Dramatischen Phantasie *Der weiße Heiland*. Das 1920 entstandene Stück von der Eroberung Mexikos durch den Spanier Fernando Cortez bewies im vierten Jahr des mörderischen Weltkrieges eine erstaunliche Zeitnähe und Leuchtkraft, und das nicht nur dank der ausgezeichneten Besetzung der Dresdner Inszenierung von Victor Ahlers, in der als Gegenspieler Erich Ponto (Montezuma) und Paul Hoffmann (Cortez) aufgeboten waren. Ahlers hatte eine durchgreifende Bühnenbearbeitung, hatte Kürzungen und Streichungen des umfangreichen Textes vorgenommen, und durch diese Straffung die Verblendung Montezumas und das auf Täuschung beruhende Vorgehen des spanischen Feldherrn klar herausgearbeitet. Es ging – wie in der grausamen Wirklichkeit des Jahres 1942 – um einen Eroberungskrieg, um Landnahme und Beute. Ob sich den Zuschauern diese Parallelen aufdrängten oder ob das exotische Dekor der Aufführung – prachtvolle Bühnenbilder von Adolf Mahnke und Kostüme von Richard Panzer – sie davon abhielt, lässt sich nicht mehr ermitteln.

Die Aufführung des Hauptmann'schen Stückes zählt zu den großen Dresdner Theaterabenden während des Krieges (1944 wird auch der *Macbeth* dazugehören). Ponto wusste das Erwachen Montezumas aus seinem tragischen Irrtum, die fremden Eindringlinge als Erlöser und Freunde angesehen zu haben, erschütternd glaubhaft zu machen, wenn er seinem Widersacher ins Gesicht schleuderte:

>»Raubgesindel! Fort! Vertilgt das
>Ungeziefer von der Erde! (...)
>Mordet, mordet ohne Gnade
>dies Gezücht, das unsrer Mutter
>Erde Antlitz mit dem
>Unrat seiner Greuel so frech entehrt!«

Geheimrat Schlüter und andere Sonderlinge

Der Dresdner Spielplan hielt auch reizvolle Aufgaben im heiteren Genre für Ponto bereit, und es sind nicht wenige Unterhaltungsstücke, die er in den Jahren zwischen 1934 und 1944 gespielt hat, wie *Die Eisheiligen* (Adalbert Alexander Zinn), *Die Liebe ist das Wichtigste im Leben* (Hadrian Maria Netto) und *Der Engel mit dem Saitenspiel* (Alois Lippl). Drei verdienen besondere Erwähnung, da sie eine erstaunliche Lebensfähigkeit bewiesen und mitunter heute noch in Spielplänen auftauchen. Im September 1934 kam das Lustspiel *Das lebenslängliche Kind* von Robert Neuner heraus, in dem Ponto als Geheimrat Schlüter brillierte. Die wenigsten Zuschauer ahnten damals wohl, dass sich hinter dem Verfassernamen Erich Kästner verbarg und dass es sich bei dem erfolgreich aufgeführten Stück um die Bühnenfassung seines kurz vor dem Machtantritt der Nazis erschienenen und dann verbotenen Romans *Drei Männer im Schnee* handelte. Im Mittelpunkt der turbulenten Verwechslungskomödie steht ein Millionär, der in einem Preisausschreiben seines eigenen Betriebes den zweiten Preis gewonnen hat: einen 14-tägigen Aufenthalt in einem Grandhotel in den Bergen. Dort taucht nun dieser Kauz von einem Unternehmer als ›kleiner Mann‹ mit seinem Reiseköfferchen auf, freundet sich mit dem ersten Preisträger an, lässt seinen Diener den ›reichen Mann‹ spielen und sorgt reichlich für Verwirrung. Schließlich fliegt der Schwindel auf, und der Geheimrat kann seine Zustimmung zur Ehe des kapriziösen Töchterchens mit dem ersten Preisträger, einem stellungslosen Akademiker, geben. Das kurzweilige Stück beruht auf Situationskomik und einem pointierten Dialog. Und es hat wir-

81

kungsvolle Rollen. Ponto wusste als inkognito reisender Fabrikant den ›armen Mann‹ glaubhaft zu machen. In seinem Spiel steckten Hintersinn und Spaß am Schabernack. Und ein Schuss Selbstironie. »Es ist bei diesen komischen Rollen Pontos immer das gleiche: Er steht ganz in der Rolle, prägt einen lebendigen Menschen, und er steht doch auch ganz darüber, schaut sich sozusagen selbst spöttisch ins lächelnde Antlitz.« Diese Einschätzung von Hellmut Fleischhauer trifft nicht nur auf diese Rolle zu.

Das harmlose, doch amüsante Stück hatte Josef Gielen ebenso vergnüglich – »mit tausend lustigen Lichtern versehen« – in Szene gesetzt, und das Premierenpublikum machte *Das lebenslängliche Kind* zu einem »Lacherfolg von größtem Ausmaß« (Dresdner Anzeiger).

Zwei Jahre nach diesem Kästner-Lustspiel, das Ponto später auch in Berlin bei Hilpert spielte, ist er der akkurate, auf seine Würde als Beamter bedachte Regierungsrat Hintze in *Die vier Gesellen* von Jochen Huth. Diese Vier sind Studentinnen der Kunstgewerbeschule, haben Gebrauchsgrafik studiert und sind willens und entschlossen, sich ohne fremde, vor allem männliche Hilfe durchs Leben zu schlagen. Sie gründen eine‘ Firma, und ihre wichtigste Maxime lautet: Geschäftsinteresse geht vor Privatinteresse. Doch diese umzusetzen erweist sich im Alltag als ziemlich schwierig. Dazu sind der Anfechtungen zu viele, und alle weiblichen Gefühle lassen sich auf die Dauer nicht unterdrücken. Und so sind es schließlich die Männer, die die Mädchenfirma zum Einsturz bringen. Erich Ponto ist einer von ihnen, der Gefallen an jener Grafikerin findet, die wegen Steuerrückständen vorgeladen ist. Natürlich bleibt es nicht bei einem dienstlichen Kontakt. »Ponto als Regierungsrat vom Finanzamt, schwarz gekleidet, mit Hut und Handschuhen, sehr förmlich, sehr umständlich und doch zielsicher – ein darstellerisches Meisterstück.« (Dresdner Anzeiger) In der Dresdner Inszenierung von Karl Hans Böhm war Lotte Gruner Pontos Partnerin; im gleichnamigen Film, der 1938 entstand, ist es Carsta Löck.

Und ein drittes Lustspiel soll hier noch genannt sein: *Ein Windstoß* des Italieners Giovacchino Forzano, das in Dresden

Geheimrat Schlüter inkognito
(*Das lebenslängliche Kind*), 1934

Regierungsrat Hintze
(*Die vier Gesellen*), 1936

seine deutsche Uraufführung erlebte (12. 6. 1940). Die Geschichte von dem Mann, dem ein Windstoß die Wohnungstür
vor der Nase zuschlägt, den erschrockenen Junggesellen im
Nachthemd im Treppenhaus zurücklassend, ist später durch
den Film von Walter Felsenstein mit Paul Kemp in der Hauptrolle bekannt geworden. In der Dresdner Aufführung war
Erich Ponto der Unglücksrabe, der auch noch vor Gericht ge-
zerrt wird, weil er einer jungen Frau Geld versprach, wenn sie
einen Schlosser hole.

»Es wird reizend gespielt unter Schröders behaglicher
Spielleitung. Ponto hat die beneidenswert schöne Rolle des
Herrn Emanuele, unsagbar komisch in seinem Ernst, seinem
Zorn, seiner Betrübtheit und seiner Liebe, aber eben doch, bei
aller Meisterschaft seiner gütigen, feinen Menschenschilde-

rung, nie derb komisch, sondern voll heiterster Herzlichkeit. Er spielt wirklich einen Egoisten, der nur ein schüchterner Mensch ist. Unvergeßlich seine ›Liebesszenen‹ nachts auf der Bank, morgens am Kaffeetisch, seine Unterhaltung mit dem Gerichtspräsidenten, seine stolz-erstaunte Frage: ›Sie unterstellen mir zwei Polizeibeamte?‹« (Hellmut Fleischhauer) Auch dieser Sonderling findet zum guten Schluss eine Partnerin: Es ist jenes Mädchen, das ihn ob der angebotenen Geldsumme missverstand. Manja Behrens als anfangs verschüchterte Angelina wird eine liebe kleine Hausfrau werden.

Der Herr Emanuele gehörte wie der Schneider Wibbel zu den Ponto-Rollen in Dresden, für die es keine Zweitbesetzung gab.

Zwischen Dresden und Berlin (II)

Es konnte nur eine Frage der Zeit sein, bis Erich Ponto wieder
ein Rollenangebot aus der Reichshauptstadt bekam, denn natürlich war er in Berlin nicht vergessen. Bereits im Januar
1933 erging eine Einladung von Direktor Barnowsky an ihn, in
der Erstaufführung der Komödie *Achtung! Frisch gestrichen!*
mitzuwirken. Wegen seiner Dresdner Verpflichtungen musste
er jedoch ablehnen.

Im darauf folgenden Jahr kam er mit Heinz Hilpert in Kontakt, der ihn für seinen Film *Liebe, Tod und Teufel* verpflichtete. Der Streifen entstand nach einer Novelle von Robert Louis
Stevenson, und Ponto spielte darin den Althändler, von dem
der Matrose Kiwe eine geheimnisvolle Zauberflasche erwirbt,
die Glück und Reichtum verheißt und ihm zum Fluch wird. Die
kurze Episode gehört zu den eindrucksvollsten Szenen des
Films.

Die Begegnung mit Heinz Hilpert
war der Beginn einer langjährigen
künstlerischen Freundschaft, die
sich vor allem auf die Theaterarbeit
erstreckte. Seit 1936 gehörte Ponto
als ständiger Gast zum Ensemble
des Berliner Deutschen Theaters
und der Kammerspiele, und er
spielte an dieser Bühne bis 1944

Als Pater Lorenzo (*Romeo und Julia*),
Berlin 1936

85

nicht weniger als elf Rollen. Im ersten Quartal 1936 begannen diese Auftritte mit dem Pater Lorenzo in *Romeo und Julia* und dem Kammerdiener in *Kabale und Liebe*; beide Inszenierungen stammten vom Hausherrn. Im März folgte das historische Stück *Der tolle Christian* von Theodor Haerten.

Im Dezember 1936 gab er den alten Raschke in dem Märchen *Die armseligen Besenbinder* von Carl Hauptmann. Das Stück – eine fantastische Verknüpfung schlesischer Alltagsnot mit himmlischem Wunderglauben – verschmolz naturalistische und mystische Elemente.

»Erich Ponto« – heißt es in einer Kritik – »läßt alle bittersüße Tragik des irrenden Besenbinders aufleuchten (...) Das Erdverwachsene und Geistersüchtige strömt aus starken gestalterischen Visionen.« Seine Partner waren Albin Skoda (der Kiwe aus *Liebe, Tod und Teufel*), Carsta Löck, Elisabeth Flickenschild und Paul Dahlke.

Im März 1937 schloss sich der Menenius Agrippa in Shakespeares *Coriolanus* an, den er bereits 1933 in Dresden gespielt hatte. Erich Engel inszenierte in den Bühnenbildern von Caspar Neher, und Ewald Balser verkörperte die Titelrolle. Im April 1938 stand ein Molière-Abend auf dem Spielplan – mit den Stücken *Der Geizige* und *Die Schule der Frauen*. Ponto war sowohl Harpagon wie Arnulf, genannt Herr von Eich. »Von Minute zu Minute vertieft Erich Ponto die Gestaltung seines Geizigen. Erschütternde Züge dämonischer Besessenheit gibt er diesem verfilzten, verlogenen geldgierigen Harpagon, jener Paraderolle, die sich der Schauspieler Molière einst selbst auf den Leib schrieb. Um Ponto fügt sich eine kleine Schar kluger Mitspieler geschickt in den überzeugenden Rahmen: Elisabeth Flickenschild, Paul Dahlke, Oskar Dimroth.

Vom ›Geizigen‹ zur Leichtigkeit der ›Schule der Frauen‹ ist ein weiter Sprung, Ponto nimmt ihn ohne Schwierigkeit. Überlegen formt er sich die Verse der Übersetzung Rudolf Alexander Schröders neu, ballt sie zusammen, löst sie spielerisch auf, zerpflückt ihre schillernden Reime. Aber durch alle Heiterkeit des Spiels läßt er doch jenen verhaltenen tiefen Gram zittern, der Molière wohl einst aus eigenem Erleben in seine Schöpfung floß.« (Georg Hinze)

Das lebenslängliche Kind, Berlin 1941, mit Hans Brausewetter

Als Kommodore St. Julien mit Lizzi Waldmüller in *Meine Nichte Susanne*, Berlin 1942

Der April 1940 brachte die Begegnung mit dem Stück einer Autorin, die im Dresdner Spielplan nicht zu finden war: *Destille Veit* von Erna Weißenborn. Der Titel meint einen »Ort des Lasters, der rohen Ichsucht und Raffgier«, der für die junge Dela Röper, die dort ihren Dienst antrat, zur Hölle wird, bis ihr die Liebe Erlösung bringt. Elisabeth Flickenschild spielte die Dela. »Paul Dahlkes brutaler Wirt und Erich Pontos teuflischer Knecht sind bemerkenswerte Studien«, stellte der Dresdner Anzeiger fest.

1941 kam in den Kammerspielen *Das lebenslängliche Kind* heraus. Sieben Jahre nach der Dresdner Premiere war Ponto nun auch in Berlin Geheimrat Schlüter und Hans Brausewetter sein Diener. Das Stück amüsierte wie andernorts auch das hauptstädtische Publikum und erzielte nahezu einhundert Vorstellungen.

Der Hamburger Schriftsteller Hans Leip, bekannt vor allem durch das Lied von Lilli Marleen, hatte sein Stück *Idothea* dem Deutschen Theater zur Uraufführung überlassen. »Es geht da

87

um ein ›Double‹ der schönen Helena. Die Vielgeliebte und Vielgescholtene sei nach einer griechischen Überlieferung ein Muster ehelicher Treue gewesen. Nicht sie, sondern die Proteus-Tochter Idothea, die der Gattin des Menelaos so täuschend glich, sei von Paris entführt worden, während Helena geduldig und reinen Gewissens zehn Jahre lang auf die Heimkehr ihres Gatten gewartet habe.« (Dresdner Anzeiger)

Diese Komödie einer ehrenwerten Täuschung kam im April 1942 heraus. Die weibliche Haupt- und Doppelrolle spielte Anna Dammann; Erich Ponto, »sehr fein als göttlicher Zauberer Proteus«, gehörte zu den Stützen des wohlabgestimmten Ensembles.

Kurz vor Ende des Kalenderjahres 1942 gab es noch eine Premiere in den Kammerspielen: *Meine Nichte Susanne*, eine Burleske von Hans Adler mit der Musik von Alexander Steinbrecher, die es auf 170 Vorstellungen bringen sollte. »Der Ulk (…) beginnt schon im Titel. Denn diese ›Nichte‹ ist gar keine Nichte, hat gar keinen Onkel. Den spielt nur, um ihr und ihren Liebeleien eine noble Folie zu geben, ihr vielgewandter Diener als angeblicher Kommodore St. Julien.« Er ist an ihrer Seite bei ihren koketten Tändeleien mit einem gewissen Eusebius Potasse (Carl Heinz Schroth) wie den leidenschaftlichen Attacken eines peruanischen Goldkönigs (Siegfried Breuer). »Getragen und liebenswürdig verfeinert wird das lockere Spiel von Erich Ponto (Jean, der falsche Kommodore), dem nie versagenden Verwandlungskünstler, der auch hier bei aller komödiantischen Leichtigkeit seine geistige Überlegenheit wahrt, und Lizzi Waldmüller (Susanne), deren wienerischem Lockreiz der peruanische Jaguar ebenso sicher unterliegt wie Zuschauer und Zuhörer.« (Dresdner Nachrichten)

Das Stück ist auch nach dem Zweiten Weltkrieg noch viel gespielt worden, nicht zuletzt wegen seiner einschmeichelnden und eleganten Musik, von der der Schlager »Unter einem Regenschirm am Abend« bis heute überlebt hat.

Schnauz und Anverwandte
(Ponto im Film)

Weit über die Grenzen Deutschlands hinaus wurde Erich Ponto durch seine Filmrollen bekannt, und hier ist es vor allem eine Figur, an die sich auch diejenigen erinnern, für die sich mit dem Namen des Künstlers sonst keine konkreten Vorstellungen verbinden: der Professor Crey in der *Feuerzangenbowle*. Diese amüsante Pennälergeschichte von Heinrich Spoerl, 1943/44 von Helmut Weiß mit Heinz Rühmann als »Pfeiffer mit drei f« verfilmt, gehört längst zu den Klassikern, und das nicht zuletzt dank der köstlichen Paukertypen, die Paul Henckels als Bömmel (»... heute krieje mer de Dampfmaschin. Also, wat is en Dampfmaschin? Da stelle mehr uns janz dumm ...«) und Erich Ponto als Schnauz (Sätzen Sä sech, Ehnen fählt de settliche Reife ...«) geschaffen haben.

Pontos ›Schnauz‹ ist nur eine, freilich besonders einprägsame Gestalt aus der großen Schar der Charaktere, die er dem Film schenkte. Manche waren ›Minutenbrenner‹, aber sie blieben haften – etwa der Gaukler in *Das Herz der Königin* (1940) mit seinem aufreizenden Lied (man ist versucht zu sagen: Song, der an die Zwanzigerjahre erinnert): »... und das Haus an der Mauer hat ein blutiges Gesicht ...« oder der angetrunkene Fabrikant Siebel (*Der große Schatten*, 1942), der in Papiermützen macht und das Großstadtleben genießen will (»Ich zahle alles!«).

Pontos Filmanfänge lagen in Dresden während des Ersten Weltkrieges. »Man machte damals gerade im Großen Garten und im Zwinger Aufnahmen zu einem Film, dessen Hauptrolle Theodor Loos spielte. Infolge der Verkehrsschwierigkeiten war der für die Rolle eines bucklichen Dieners, eines Böse-

Die Feuerzangenbowle
mit Hans Leibelt

Als Adolph Menzel in
Die beiden Schwestern
mit
Marina von Dittmar

wichts, vorgesehene Darsteller nicht eingetroffen, und ich durfte einspringen. Einige Zeit später schrieb meine Dresdner Kollegin Alice Verden einen Film ›Der Geiger von Meißen‹, in dem sie und ich die Hauptrollen spielten. Das war meine ganze Tätigkeit beim Stummfilm.« (Erich Ponto)

Erst der Tonfilm brachte den Durchbruch, und hier steht *Liebe, Tod und Teufel* (1934) am Beginn einer Karriere, die bis 1945 über vierzig Filme verzeichnet (wovon drei bis Kriegsende nicht mehr fertig gestellt werden konnten). Es sind historische Filme darunter wie *Das Mädchen Johanna* (1935), *Diesel* (1942), Kriminalfilme (*Der Hund von Baskerville*, 1937, oder *In letzter Minute*, 1939), Kriegsfilme (*Blutsbrüderschaft*, 1941), Spionagefilme (*Dreizehn Mann und eine Kanone*, 1938), Propagandafilme (*Achtung! Feind hört mit!*, 1940, *Anschlag auf Baku*, 1941/42), Musikfilme (*Hallo, Janine*, 1939, mit Marika Rökk, und *Die Nacht in Venedig*, 1942, mit Lizzi Waldmüller). Und eine Vielzahl von Unterhaltungsfilmen, von den *Vier Gesellen* (1938) mit Ingrid Bergman, über Heinrich Spoerls *Das andere Ich* (1941) bis zu *Der Engel mit dem Saitenspiel* und *Am Abend nach der Oper* (beide 1944). Kostüm und Maske, Alter und Beruf, Charakter und Aussehen seiner Filmgeschöpfe wechselten ständig. Es sind skurrile Einzelgänger, geheimnisvolle oder komische Sonderlinge, schrullige Lebenskünstler, aber auch erfahrene, kultivierte Männer mit Herzenstakt und geistigem Format. Zwei historische Gestalten (nach dem Zweiten Weltkrieg wird sich noch Daniel Defoe, der Schöpfer des *Robinson Crusoe*, dazugesellen) sind darunter: Napoleon Bonaparte in Luis Trenkers *Der Feuerteufel* (1940) und der Maler Adolph Menzel in *Die beiden Schwestern* (1943), den Ponto so überzeugend spielt, als habe er das eigenwillige Original studieren können. Freilich begegnet man auch Tendenzfilmen, in denen man sich seine Mitwirkung wegwünscht, wie *Ich klage an* (1941) und *Die Rothschilds* (1940), in dem er den Ahnherrn des Geschlechts, Mayer Anselm, spielt. Doch in welche Haut Ponto auch schlüpfte: Keine Figur wurde denunziert oder abgewertet. Sie blieb glaubwürdig.

Oft sind Pontos Filmrollen nicht nur anreichernde Episode, sondern auslösendes Moment der Handlung. Aufhänger der

Geschichte. In *Liebe, Tod und Teufel* ist er der hintergründige Althändler, der die geheimnisvolle Flasche besitzt, die alle Wünsche erfüllt; in *Kleider machen Leute* lässt er als Puppenspieler Christoffel den wandernden Schneidergesellen Wenzel (den Heinz Rühmann spielt) bei der Weiterreise zum Grafen avancieren. Und in *Schicksal aus zweiter Hand*, einem Nachkriegsfilm (1949) von Wolfgang Staudte, ist er ein wahrsagender »Meteorologe des menschlichen Schicksals«, dessen Prophezeiung dem Versicherungsagenten Scholz (Ernst Wilhelm Borchert) zum Verhängnis wird.

Mitunter sind Pontos Filmrollen nicht nur dramaturgisch verankert; sie enthalten auch eine bestimmte Textpassage, einen Satz, der sich beim Zuschauer festsetzt und den er mit aus dem Kino nimmt. In dem Terra-Film *Leichte Muse* (*Was eine Frau im Frühling träumt*), der von Berlin handelt und dem Komponisten Walter Kollo ein Denkmal setzt, spielt er den Leiter der Singakademie Palitzsch, der dem jungen, aufstrebenden Komponisten (Willy Fritsch) versichert: »Ich bin musikalisch, ich höre die falschen Töne.« Als Puppenspieler Christoffel weiß er den verzweifelten Schneider zu trösten: »Nichts auf der Welt ist nur traurig. Jedes Ding hat eine Seite, auf der es lacht.« Und im *Kleinen Hofkonzert* (1944) legt er sich als Serenissimus die Schlinge selbst um den Hals, wenn er behauptet: »Ein Vater, der sich nicht um sein Kind kümmert, ist ein Unmensch.«

Ponto hat seine Filmtätigkeit stets der Theaterarbeit untergeordnet. Keine Theaterprobe fiel wegen Atelierverpflichtungen aus, keine Vorstellung musste wegen Drehterminen abgesagt oder verlegt werden. Diese Punkte waren vor Filmbeginn geklärt. In seinem Vertrag mit der Georg-Witt-Film-GmbH Berlin vom 27. Juli 1937 für die Rolle des Kapitäns Spurling in dem Streifen *Das Geheimnis um Betty Bonn* heißt es:

»Ihnen ist bekannt, daß ich
1.) zwischen dem 7. und 15. September zwei bis fünf Proben am Deutschen Theater in Berlin habe,
2.) daß meine Spielzeit am Theater ab 6. Sept. in Dresden
　　　　　　　" 16. " 　in Berlin

beginnt. Bei Vorstellungen in Dresden müßte ich das Atelier um 3 Uhr nachmittags verlassen, bei Vorstellungen in
Berlin um 6 bis $^1/_2$ 7 Uhr.«

An Vorstellungstagen ließ sich ein Pendeln zwischen Dresden und Berlin nicht vermeiden. Ponto fuhr dann früh um 9
Uhr mit dem D-Zug nach Berlin und nachmittags wieder
zurück, um gegebenenfalls diese Prozedur am kommenden
Tag zu wiederholen. Bei längeren Atelierverpflichtungen war
freilich Übernachtung in Berlin unumgänglich wie z. B. beim
Schneider-Wibbel-Film, der ihm die Titelrolle bescherte und
bei dem Viktor de Kowa Regie führte. Für diesen Film bekam er auch keine Tagesgage, sondern eine Pauschale von
22 000 Reichsmark, zahlbar laut Vertrag in fünf Raten. Lag
seine Einstufung 1934 noch bei 750 Reichsmark pro Drehtag,
betrug sie 1938 bereits 900 Reichsmark. Damit war er Darstellern wie Paul Henckels, Paul Kemp, Albrecht Schoenhals,
Joachim Gottschalk, Siegfried Breuer, Oskar Sima, Ernst Wal-
dow und Paul Dahlke gleichgestellt.

Ponto hat mit vielen bedeutenden Partnern vor der Kamera
gestanden – mit Conrad Veidt, Heinrich George, Gustaf Gründgens, Friedrich Kayßler, Ewald Balser, Mathias Wiemann,
Willy Birgel, Eugen Klöpfer, Paul Hartmann, Siegfried Breuer,
Heinz Rühmann, Hans Söhnker, Viktor de Kowa, Lil Dagover,
Käthe Gold, Fita Benkhoff, Gisela Uhlen, Irene von Meyendorff, Lizzi Waldmüller, Hilde Krahl und Heidemarie Hatheier.
Und er hat unter namhaften Regisseuren gearbeitet: Carl Froelich führte Regie bei den *Vier Gesellen* und dem Zarah-Lean-
der-Film *Das Herz der Königin*, Detlev Sierck schuf das Melo-
dram *Schlußakkord* (1935/36), Hans Schweikart inszenierte
Das Fräulein von Barnhelm (1940), Helmut Käutner die Novelle *Kleider machen Leute* (1940), Wolfgang Liebeneiner *Das
andere Ich* (1941, mit Hilde Krahl in einer Doppelrolle) und
Ich klage an (1941) und Arthur Maria Rabenalt *Leichte Muse*
(1941). Einige von ihnen sollten auf den vielseitigen Darsteller
Erich Ponto nach dem Kriege dankbar zurückgreifen.

Ein Regisseur vor allem hat ihn mehrfach und gern für
seine Filme verpflichtet: Paul Verhoeven. Sieben Streifen sind

es zwischen 1940 und 1945, unter denen *Das kleine Hofkonzert* einen besonderen Rang beanspruchen darf. Ponto als fürstliche Durchlaucht, für den es nur ein einziges Vergnügen im Jahr gibt, an dem sein Herz hängt: das kleine Hofkonzert. Doch es ist heuer gefährdet und kann nur gerettet werden durch eine angereiste Sängerin, die nach ihrem Vater forscht – nicht ahnend, dass der an der Spitze des kleinen Fürstentums steht. Wie Ponto diese Enthüllung spielt, wie er langsam dahinter kommt, dass er ein Hauptbeteiligter an dem Vorgang ist, wie er das wiederum zu verdrängen, vor allem aber vor seinem Hofstaat zu kaschieren sucht, bis ihm schließlich Gewissheit wird, die nun auch nicht unbedingt an die Öffentlichkeit dringen muss – das ist hinreißend. Ende gut – alles gut. Der singende Gast ist seine Tochter, das bezaubernde Resultat einer schönen, erinnernswerten Liebesgeschichte während eines kleinen Hofkonzerts vor über zwanzig Jahren. – Paul Verhoeven drehte diesen Farbfilm nach seinem gleichnamigen Bühnenstück mit Elfie Meyerhofer, Hans Nielsen und Paul Henckels.

Zu den ›besonderen‹ Ponto-Filmen (heute leider kaum noch zugänglich) sind auch *Das Fräulein von Barnhelm*, *Die vier Gesellen*, *Die beiden Schwestern* (Regie Erich Waschneck) und *Schneider Wibbel* zu zählen. Über Letzteren, die erste Regiearbeit von Viktor de Kowa, dem einstigen Ponto-Schüler, wird berichtet: »In stillem, fast zärtlichem Einvernehmen rollen die Aufnahmen ab (...) Ein besserer Kontakt kann zwischen Regie und Darstellung gar nicht gedacht werden, und das gilt durchaus nicht nur für de Kowa und Ponto. Wen man auch spricht von den Leuten, denen Rollen zufielen in der tollen Geschichte um den totlebendigen Schneidermeister, alle sind begeistert. In derartig harmonischer Zusammenarbeit haben sie noch nie gefilmt. ›Ja, mit Kowa!‹ sagt Theo Lucas von den Städtischen Bühnen Düsseldorf und steigt in die Kulisse, um als Mölfes trunken nach Hause zu schwanken. Fita Benkhoff, die Wibbelin, ist von Partner wie Regisseur gleichermaßen entzückt, und Irene von Meyendorff erzählt beim Abschminken in ihrer Garderobe mit jugendlich-anmutiger Begeisterung: ›So müßte es immer sein. Wir kommen wunderbar vorwärts. Wir sind mit den Aufnahmen sogar um einen Tag vor dem gesetzten Termin voraus. So gern ist man noch nie ins Atelier gegangen.«« (Fritz Gay)

Schneider Wibbel war die einzige Titelrolle, die Ponto im Film gespielt hat. Nach Reclams deutschem Filmlexikon war es nicht nur seine stärkste Leistung, sondern »einer der schauspielerischen Höhepunkte im deutschen Film der 30er Jahre«.

Schneider Wibbel mit Fita Benkhoff

Der Märchendarsteller

Stücke zur Weihnachtszeit für kleine und große Zuschauer hatten im Dresdner Spielplan einen festen Platz. »Dresdens Theaterpublikum legte auf die alljährlichen Märchen-Inszenierungen größten Wert, was zu erstrangigen Besetzungen, tänzerisch-musikalischer Qualität und reicher Ausstattung verpflichtete.« So schreibt Martin Hellberg, seit 1924 am Staatstheater, in seinen Memoiren. Ponto wirkte in den über dreißig Jahren seiner Dresdner Tätigkeit immer wieder in Weihnachtsmärchen mit, und seine einprägsamen Figuren trugen nicht wenig zur Sympathie bei Jung und Alt und zu seiner Popularität bei.

1917 brachte das Hoftheater den *Gestiefelten Kater* in der Bühnenfassung von Emil Alfred Herrmann (dessen Weihnachtsspiel vom *Gotteskind* im Eröffnungsjahr des Schauspielhauses 1913 gegeben worden war). Die Aufführung war, wie es in der Presse hieß, »von erlesenem Geschmack (...) Der vergnügte, dicke, eßlustige Märchenkönig Hannes Fischer und die zierliche Prinzessin Jenny Schaffer, der schmucke Müllerbursch und Graf Willi Kleinoschegg und all die anderen, den spaßigen Esel nicht zu vergessen, werden alle die Herzen der Kinder gewinnen, doch keiner so wie der geschmeidige, zärtliche, kluge Kater Erich Ponto, der eine Ehrenrettung des ganzen Katzengeschlechts vollbringt.« (Dresdner Nachrichten)

In den folgenden Jahren war die Mitwirkung im Weihnachtsmärchen fester Bestandteil von Pontos Beschäftigung am Staatstheater. Er spielte in der *Schneekönigin* und in *Dornröschen* (beide von Paul Hermann Hartwig), er war der Hofnarr Pipps in den *Sieben Raben*, einem Märchen des

96

Schauspieldirektors Georg Kiesau (1924), und 1926 stand er in einem eigenen Stück auf der Bühne. Es heißt *Trilltrall und seine Brüder*, ein Märchen, das auf Clemens Brentano zurückgeht, der die Geschichte vom Lehrer Klopfstock und seinen fünf Söhnen mit den lustigen Namen Gripsgraps, Pitschpatsch, Piffpaff, Pinkepank und eben Trilltrall geschrieben hatte. Das Stück handelt von der Prinzessin Pimperlein aus dem Lande Glockotonia, die einen verloren gegangenen Glockenschwengel sucht, in die Fänge des Nachtwächterkönigs Knarrasper gerät, der auf ihr Heimatland nicht gut zu sprechen ist und dort festgehalten wird. Und es handelt vom Schulmeister Klopfstock mit seinen Söhnen, die – nachdem ihr Vaterhaus abgebrannt ist – in die Welt ziehen, um den Beruf zu ergreifen, der ihnen durch ihren Namen vorbestimmt ist, dann den Nachtwächterkönig überwältigen und die Prinzessin ihrem Vater, dem tränenreichen König Pumpam, samt dem wieder gefundenen goldenen Glockenschwengel zurückbringen, was zur Belohnung eine Teilung des Reiches unter die fünf Brüder und eine Hochzeit zur Folge hat: Trilltrall, der Träumer, der beim Holzapfelklausner im Walde die Sprache der Vögel erlernt hat, bekommt seine Prinzessin Pimperlein. Mit von der Partie bei diesem turbulenten achtbildrigen Abenteuer waren – zur Freude der kleinen Zuschauer – zahlreiche Tiere, die genau so lustige Namen haben wie die Menschen: Murx, das Wildschwein, Tunichtgut, der Rabe (der im Stück wirklich zu nichts Gutem taugt), Bülow, der Vogel, Liebenacht, die Eule, und vor allem der schwarze Peter, ein Pudel. Sie alle und noch mehr, ein Hanswurst, ein Apotheker mit dem sinnvollen Namen Baldrian und das Spitzbubenpaar Schwips und Schwaps ließen die Aufführung zu einer »der reichsten, schönsten, poetischsten Weihnachtsbescherungen des Schauspielhauses« werden, wie es in den Dresdner Nachrichten hieß.

Am unbestreitbaren Erfolg hatte Erich Ponto den Hauptanteil; ihm war es gelungen, Brentanos Märchen werkgetreu und unverfälscht auf die Bühne zu bringen, wie es der Kritiker Friedrich Kummer ausdrückte: »An dieser Schöpfung eines großen Dichters hat der Nachdichter nichts verwitzelt und verkritzelt. Kein leerer Prunk, kein falscher Weihnachtszauber

drängt sich vor. Nein, mit zarter Hand, behutsam, hebt der
Bearbeiter aus einem episch-
lyrischen Geflecht von äußers-
ter Verschlungenheit die Fabel
schön und klar hervor (...)
Wie zwanglos und reizvoll fügt
der Bearbeiter aus Brentanos
Märchen Szenen, Gestalten,
Worte, Empfindungen ein. Ich
möchte in dieser Bearbeitung
Erich Pontos darstellerische
Eigenheiten wiedererkennen:
dienend, des Abstandes bewußt, hebt der e c h t e Künstler ein fremdes Werk auf der
Szene bescheiden empor.«

Es war ein allseitiges Bemü-
hen, das Stück zur vollsten Wirkung zu bringen. Arthur Chitz
hatte eine Musik dazu geschrieben, die mehr als nur ›Umrah-
mung‹ war. Unter Verwendung von Volksliedern, der Wiedergabe von Vogelstimmen und Natureffekten steigerten sich
manche Passagen zu sinfonischer Dimension. Josef Gielen,
der Regisseur, Adolf Mahnke, der Bühnenbildner, Leonhard
Fanto (Kostüme) und Georg Brandt, der Technische Direktor,
sie alle hatten »Prospekte nicht und nicht Maschinen« ge-
scheut (eines der Bilder spielte vor dem Panorama der Sächsischen Schweiz), und die Mitwirkenden gaben ihr Bestes, unter
ihnen der Autor als Darsteller des Hanswurst. Für den König
und den Apotheker hatte Ponto zwei hübsche Einfälle einge-
baut: Die Kräuterverse des Apothekers verrieten Pontos Sach-
kunde in diesem Beruf, und der unstillbare Tränenfluss des
Königs entwickelte sich im letzten Bild zu einer regelrechten
Taschentuchwäscherei.

Als Toni Guntersbacher in *Die Zauberlaterne* mit
Lotte Gruner (links), Carla Hacker
und Edna Vihrog (sitzend), 1940

Pontos Stück (Premiere am 9. 12. 1926) erlebte im Winter 1926/27 mehr als zwanzig Vorstellungen. Es wurde später auch in Leipzig und an anderen Bühnen gespielt.

Unter den vielen Märchenrollen des Künstlers darf eine einen besonderen Stellenwert beanspruchen: der Puppenspieler Toni Guntersbacher (*Die Zauberlaterne*), dessen Existenz und Erfolg von einer Zauberlaterne abhängen. Ihr magisches Licht lässt die Marionetten lebendig werden. Unsachgemäßer Umgang mit ihr durch unachtsame Kinder weckt die Räuber auf, die mit der Laterne prompt durchbrennen. Die Verfolgungsjagd endet nach Überwindung vieler Hindernisse glücklich: Toni Guntersbacher erhält seine Zauberlaterne zurück und kann nun seinem Publikum auf dem Weihnachtsmarkt die schönsten Geschichten vorspielen.

Das Märchen stammte von Rudolf Schröder, dem Schauspieldirektor, es hatte 1940 Premiere, und in ihm war fast das gesamte Personal beschäftigt. Neben 35 Personen führte es eine Menagerie von Tieren vor, unter anderem die Bremer Stadtmusikanten, doch dominiert wurde das revuehafte Geschehen von Erich Ponto als Puppenspieler. Wie er voller Stolz auf sein Theater verwies und es den neugierigen und erstaunten Zuschauern präsentierte und anpries, wie er vergeblich versuchte, die Puppen tanzen zu lassen, was wegen des Fehlens der Zauberlaterne nicht gelingen konnte, wie er darob verzweifelt und in Vorahnung geschäftlichen Ruins hilflos vor seinem Theaterchen stand, das weckte Mitleid und rührte zu Tränen. Diese Pole-Poppenspäler-Figur zählte zu den beeindruckenden schauspielerischen Leistungen des großen Menschendarstellers.

Am Vortragstisch

Zu Pontos bevorzugten ›Nebenbeschäftigungen‹ gehörte seine
Vortragstätigkeit. Sein diesbezügliches Repertoire war um-
fangreich und breit gefächert, teils zugeschnitten auf einen
Autor, teils auf ein Thema. Er brachte ein Programm »Deutscher Humor« mit Dichtungen von Jean Paul bis Wilhelm
Busch; Texte von Gottfried Keller, Charles Dickens; er las aus
der *Ilias* des Homer (so 1942 in der Kreuzschule) und aus dem
Werk von Matthias Claudius und Jean Paul. Beim Wilhelm-
Busch-Abend – einem Standardprogramm Pontos – nahm er
auch Lichtbilder zu Hilfe, und Hans Christian Andersens Märchen *Die Nachtigall* wurde umrahmt durch Musik von A. Win-
ternitz. Gelegentlich gestaltete er eine Lesung auch mit einer
Partnerin, so mit Alice Verden »Legenden und heitere Märchen« im Dezember 1940, oder nach Kriegsende mit Edith
Heerdegen und Ruth Lange ein Mörike-Wolf-Programm.

Zu seinen ›großen‹ Abenden (wenn eine solche Klassifizierung bei einem Vortragskünstler wie Ponto überhaupt ge-
rechtfertigt ist) gehörten Jean Paul, Matthias Claudius und
Goethes *Reineke Fuchs*. Sie fanden meist im Komödienhaus in
der Reitbahnstraße statt, während für andere Lesungen das
Künstlerhaus (Grunaer/Ecke Albrechtstraße), die Kaufmann-
schaft (Ostra-Allee) oder die Harmonie (Landhausstraße) be-
vorzugt wurden. Geringster Aufwand auf der Bühne: ein Tisch,
ein Stuhl oder Sessel, eine Stehlampe – mehr an Mobiliar be-
durfte es nicht. Raum und Szenerie schuf Ponto durch seine
Vortragskunst, die allein auf der Wortgestaltung beruhte. Nie
kam er in die Versuchung, Texte und Personen zu ›spielen‹, nie
verwechselte er beim Rezitieren oder Vor-Lesen den Vortrags-

tisch mit der Bühne. Stets blieb er – auch in den dramatischsten Szenen und zugespitztesten Auseinandersetzungen – in der Rolle des Erzählers. Das Buch, aus dem er las, war bei seinem Vortrag die Hauptsache. Das Wort dominierte. Ihm wusste er eine Leuchtkraft zu verleihen, die immer wieder faszinierte und erstaunen ließ. Seine stimmlichen Mittel schienen nahezu unbegrenzt. Er beherrschte die ganze Skala der Ausdrucksmöglichkeiten: Er konnte flüstern und donnern, schmeicheln und kaltschnäuzig maulen, liebenswürdig und zynisch, hilflos und sarkastisch sein, und er wechselte mühelos vom Diskant ins Sonore. »Welcher Modulation Erich Pontos tief und warm timbrierte Stimme fähig ist, weiß jeder, der ihn einmal Buschs ›Balduin Bählam‹ oder Goethes ›Reineke Fuchs‹ vorlesen hörte: Das ist nicht eine, das ist ein ganzes Ensemble von Stimmen, jede das Geschöpf, zu dem sie gehört, vollkommen charakterisierend, keine um der bloßen Wirkung willen angewandt.« (Karl H. Ruppel)

Und von welcher Anschaulichkeit waren seine Landschaftsschilderungen und die Wiedergabe von Naturstimmungen. Im *Reineke Fuchs* wusste er bereits eingangs den Zuhörern zu vermitteln, wie festlich-heiter der Himmel glänzte »und farbig die Erde«, wobei ihm die Hexameter nicht die geringsten Schwierigkeiten machten. Er sprach sie mit einer Selbstverständlichkeit, als würde er sich nie anders ausdrücken. Und am Ende des Matthias-Claudius-Abends verbreitete er mit dem *Abendlied* eine solche Ruhe und schlichte Feierlichkeit, dass man wähnte, einer Andacht beizuwohnen.

Wohlüberlegt auch die Zusammenstellung seiner Programme. Stets lag ihnen ein chronologischer oder gedanklicher Aufbau zugrunde. Seinen Jean-Paul-Abend leitete er ein mit Worten von Gottfried Keller über Jean Paul. Dann folgten Ausschnitte aus dem *Titan*, den *Flegeljahren* und dem *Siebenkäs*. Und zum Schluss, als Höhepunkt, *Leben des vergnügten Schulmeisterlein Maria Wuz in Auenthal*. (Eine zweite Lesung sollte dann *Dr. Katzenbergers Badereise* bringen.)

Alle Register seines feinen Humors wusste er bei Wilhelm Busch zu ziehen, und Texte wie *Balduin Bählam* wurden zu heiteren Kabinettstücken, deren Schimmer auch Jean Pauls

Schulmeisterlein Wuz streifte, etwa bei der amüsanten Schilderung der Hochzeit von Wuz mit seiner Justel, wie überhaupt der gesamte Jean-Paul-Abend eine einzige Köstlichkeit war. Der Dresdner Anzeiger urteilte: »Das vielfache Sichverlieren geistvollster Gedankengänge in weiteste, schier endlose Formen macht es oft schwer, sich mit Jean Paul zu beschäftigen. Und selbst die Episoden genialer Charakteristik und Erzählung erfordern schon einen hierfür aufgeschlossenen Leser. Jean Paul zu sprechen wird jedoch zum Problem. Der großen Kunst eines Erich Ponto

blieb es vorbehalten, den Hörer mit sich zu führen und schließlich zu fesseln an die Empfindlichkeit, an den Humor, an die romantische Ironie und an die Kunst des Dichters, mit wenigen Strichen Menschen einer oft eingeschränkten Welt zu zeichnen. Man wird sich mühsam, vielleicht vergebens umsehen müssen, einen anderen Interpreten für Jean Paul zu finden.«

Die Gestaltung von Lyrik verriet Pontos Kenntnisse in Verslehre und Metrik; er wusste, dass jedem Gedicht ein Rhythmus zu Eigen ist, eine innere Dynamik, die es beim Vortrag zu treffen galt und die er nie verfehlte. Eine Lesung von ihm war für die Dresdner stets ein besonderes Erlebnis. Doch auch außerhalb der Elbestadt war er ein geschätzter und immer gern gesehener Gast. »Literarische Gesellschaften riefen mich nach Leipzig, Chemnitz, Bielefeld, Düsseldorf, Hamburg, Bremen und sogar nach Kopenhagen«, berichtet er. Und bei diesen Abenden fehlte selten Jean Paul.

Das Vortragspult sollte auch später – nach seinem Weggang aus Dresden – ein bevorzugtes Podium für ihn bleiben. Er las in vielen Städten des Bundesgebiets. In einem Brief an seine

Tochter Eva vom 11. Februar 1948 aus Elberfeld heißt es: »Es ist tief in der Nacht, und heute habe ich den 5ten Abend bestanden. Manchmal spreche ich vor 120 und manchmal vor 1200 Menschen – aber immer, und das ist wunderschön, hören sie mir gerne zu. Für den Magen war es in Schmallenberg und für die ruhmbedürftige Seele vorerst in Bielefeld am ertragreichsten. Mein ›Standquartier‹ ist (...) eine reizende Familie, musikalisch, gebildet, wohlerzogen; ich habe ein Zimmer, immer warm, Blick ins ›Bergische Land‹ und (beruhigend für Tony geb. Kresse) noch kein Scherenschnitt in die Lebensmittelkarte. Manches Städtchen, z. B. Münster, sieht aus wie Dresden, vielleicht schlimmer, weil man nicht den Eindruck hat, daß dort überhaupt jemals wieder Leben erwachsen könnte. Aber das vergißt man, wenn nach dem ›Lied, täglich zu singen‹ die Huster still werden.

Morgen bin ich frei und da lese ich, als Bedankemich für die Gastfreundschaft im Hause, den Wuz und was so drum paßt. 40 Freunde und Stühle sind aus der Nachbarschaft zusammengetrommelt worden, da mein Abend am Freitag seit Oktober ausverkauft ist (...)«

Ende und Anfang

Als am 24. August 1944 die neue Theatersaison mit der Goethe'schen *Iphigenie* eröffnet wurde, ahnte wohl niemand, dass dies die kürzeste Spielzeit in der Geschichte des Dresdner Schauspielhauses sein würde. Bereits am folgenden Tag gaben die Zeitungen die Verfügungen des Reichsbevollmächtigten für den totalen Kriegseinsatz Dr. Goebbels bekannt, deren Kernsatz lautete: »Sämtliche Theater, Varietés, Kabaretts und Schauspielschulen sind bis zum 1. September 1944 zu schließen.« Die Bühnenkünstler waren als Arbeitskräfte der Kriegswirtschaft zuzuführen, zu Wehrmacht oder Volkssturm einzuziehen.

An Erich Ponto ging – nicht nur aus Altersgründen – eine solche Dienstverpflichtung vorbei. Für ihn wie andere prominente Theater- und Filmschaffende kam eine Ausnahmeregelung in Anwendung. Sie galten nach den Kriterien der Reichskulturkammer als »unersetzliche Künstler«, waren von Militärdienst und Fabrikarbeit befreit, hatten aber im Rahmen des »Künstler-Kriegseinsatzes« für kulturelle Veranstaltungen zur Verfügung zu stehen. Gelegentliche literarische Abende prägten in den folgenden Monaten die berufliche Tätigkeit Pontos, darunter auch ein Querschnitt durch beide Teile des *Faust* (21. 1. 1945 in der Semperoper). Und er filmte. *Das kleine Hofkonzert* wurde fertig gestellt, kam aber nicht mehr in die Kinos; drei weitere Streifen blieben unvollendet, darunter der Terra-Film *Der Fall Molander*, in dem Ponto mit dem verehrten Paul Wegener vor der Kamera stand. Dann folgte am 13./14. Februar 1945 der Bombenangriff auf Dresden, in dessen Feuersturm die Stadt verglühte. Auch das Haus, in dem

Pontos Wohnung in Dresden, Wiener Straße 31, erster Stock

Ponto auf der Wiener Straße wohnte, wurde von einer Brandbombe getroffen. Bei dem Versuch, gemeinsam mit seiner Tochter den brennenden Dachstuhl zu löschen, schnitten ihm die Flammen den Rückweg ab. Die einzige Fluchtmöglichkeit bestand über den Blitzableiter, an dem er sich herabließ, wobei er abstürzte. Mit Verletzungen musste er in ein Krankenhaus in Pirna gebracht werden. Wohnung und Bibliothek waren ein Raub der Flammen geworden, lediglich sein Vortragsmaterial konnte gerettet werden.

Das Kriegsende erlebte Ponto in Dresden, und er gehörte neben den ehemaligen Staatstheater-Mitgliedern Alfons Mühlhofer, Paul Paulsen, Peter Hamel und Albert Fischel, dem Oberspielleiter der Städtischen Bühne in Dresden-Neustadt, zu den Aktiven der ersten Stunde, die sich für den Wiederbeginn des Theaters einsetzten. Ende Mai 1945 erhielt dieses Fünfergremium seitens der Stadt den Auftrag, »aus dem in Dresden verbliebenen Personal der Sächs. Staatstheater und des Theater des Volkes, und aus den Reihen der sonst in Dresden anwesenden Theaterschaffenden« einen Spielkörper aufzubauen und ein künstlerisches Programm aufzustellen, »das mit den vorhandenen Kräften und Mitteln verwirklicht werden kann«. Der Bildung eines neuen Schauspiel- und Opernensembles folgte der Umbau der Tonhalle in der Glacisstraße als vorläufiger Theaterraum und die Herrichtung einer zweiten Spielstätte im Kurhaus Bühlau. Sie dienten als bescheidener Ersatz für die in den Luftangriffen zerstörten Theatergebäude.

Am 10. Juli konnte das »Interimstheater Dresdner Bühnen« mit Lessings *Nathan der Weise* in der Regie von Albert Fischel und mit Erich Ponto in der Titelrolle eröffnet werden. Ein Zeitzeuge berichtet: »Als Nathan von Daja willkommen geheißen wurde: ›Er ist es! Nathan! – Gott sei ewig Dank, daß Ihr doch endlich einmal wiederkommt!‹, da übermannten das Ensemble und das Publikum gleiche Gefühle und gleiche Gedanken, und Lessings Worte erhielten eine ganz eigene, aus der Zeit geborene Sinngebung. Jeder spürte sie, und Ergriffenheit schaffte sich in minutenlangem Beifall Luft.« (Emil Ulischberger)

Im Oktober 1945 endete die Tätigkeit des fünfköpfigen Leitungsgremiums; es erfolgte die Übernahme des Theaters in städtische Regie unter dem Namen »Bühnen der Landeshauptstadt Dresden« und die Einsetzung eines Generalintendanten. Mit dem 27. Oktober begann die Amtszeit von Erich Ponto, von der ein Kritiker später behauptete, »daß noch niemals in Dresden ein Generalintendant ein solch schweres Erbe wie das nach dem Zusammenbruch von 1945 übernommen hat«.

Nathan der Weise, Dresden 1945,
mit Charlotte Friedrich (Daja)
und Erika Dannhoff (Recha)

Die Bürde der Würde

Es war für die Stadt ein Glücksfall, einen Künstler dieses Formats zu haben, der im deutschsprachigen Theater große Wertschätzung genoss, der Dresdner Bühne seit 1914 ununterbrochen angehört und in diesen Jahrzehnten Theatergeschichte geschrieben hatte. Ponto besaß künstlerische Autorität, fachliche Kompetenz, überragendes Können, menschliche Integrität und politische Glaubwürdigkeit. Guten Gewissens konnte er jede Frage nach Zugehörigkeit zur NSDAP oder einer ihrer Organisationen mit ›Nein‹ beantworten. In einer Stadt wie Dresden mit dem – prozentual im Vergleich zu anderen Städten – höchsten Anteil an NSDAP-Mitgliedern fiel diese Unbescholtenheit ins Gewicht, und es erscheint aus der Sicht der Verantwortlichen einleuchtend, den Wiederbeginn des Dresdner Theaters mit seinem Namen zu verbinden, auch wenn Ponto diesem Unternehmen skeptisch gegenüberstand und sich auf diesen Platz gedrängt fühlte. Tage vor seiner Amtseinführung brachte er seine Bedenken in einem Brief an den Kulturreferenten der Stadt zum Ausdruck und bat, den Vorschlag noch einmal zu überdenken, da er sich »nicht für geeignet halte, eine so überragende, zentrale, verantwortungsbelastete und für das Dresdner Theaterleben vor allem richtunggebende Stellung auszufüllen«. Weiter heißt es in dem Schreiben: »Ich habe kein Organisationstalent und keine verwaltungstechnische Bildung. Ich halte jugendliche Aktivität und schnelle Entscheidungsgabe für den Leiter eines Theaters unserer Zeit für notwendig und besitze beides nicht (...) Ich bremse in der Kurve, weil ich damit gut gefahren bin, bewundere aber den Fahrer, der das Tempo durchfährt, ohne umzukippen.«

Der Generalintendant und sein Opernchef,
GMD Joseph Keilberth, 1945

Als Theaterdirektor Striese
in Schönthans
Der Raub der Sabinerinnen

Seine Einwände änderten an der getroffenen Entscheidung
nichts, sie bewirkten lediglich, dass man ihm innerbetrieblich
Unterstützung zusicherte. Wenn er dennoch »das Amt eines
Generalintendanten übernahm, dann geschah das aus einer
tiefen inneren Verantwortung heraus, seine Person und seinen
Namen schützend vor ein Aufbauwerk zu stellen, dessen Vollendung nicht in einem Jahr erreicht werden kann, für das (...)
aber in der Stunde der Not wahrhaftig kein besserer gefunden
werden konnte«. So kommentierte den Vorgang Wolf Goette,
der erste Nachkriegsdramaturg, der neben Paul Paulsen (stell-
vertretender Generalintendant und Verwaltungsdirektor),
Joseph Keilberth (Operndirektor und Chefdirigent), Heinz Arnold, Albert Fischel (Oberspielleiter der Oper bzw. des Schauspiels) und Karl von Appen (Ausstattungsleiter) zu den eng-
sten Mitarbeitern Erich Pontos zählte. Auch konnte er sich auf
einen Spielkörper stützen, der trotz Theaterschließung, Bom-
bardement und Kriegsende nicht auseinander gefallen war
und zu dem neben Neuzugängen im Schauspiel- wie Opernen-
semble viele ehemalige Mitglieder der Staatstheater gehörten.
Ponto verstand »Theater als Antwort auf die Forderungen
der Gegenwart«. Als wichtigste Aufgabe galt ihm, »das Ringen
des Menschen (...) um die Herausbildung wahrer Menschlich-

109

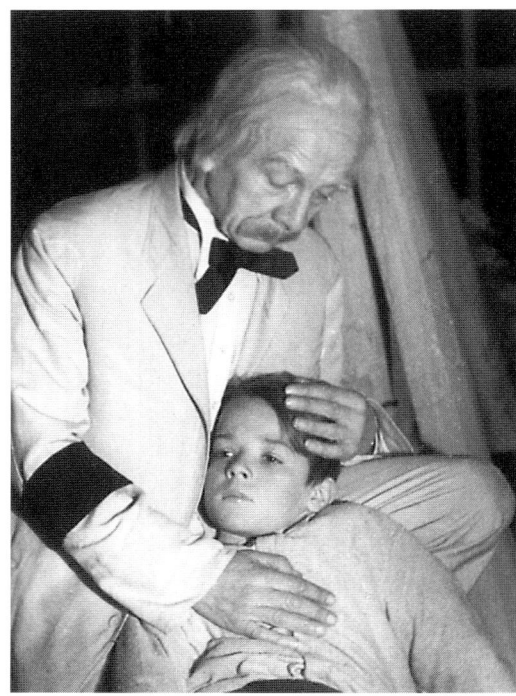

keit zu zeigen«. Nach einer Zeit humaner Orientierungslosig-
keit sollten sich die Bühnen der Landeshauptstadt der Aufgabe
verpflichtet fühlen, »den verkrampften Geistes- und Seelen-
zustand des Theaterbesuchers zu lösen«. Sein Ziel war es,
»politisches, zeitverbindliches, aber nicht einseitig-parteipoli-
tisches oder zonal-befangenes Theater zu bieten«, wie es später in seinem Kündigungsschreiben heißt.

Sein Spielplan umfasste – Dresdner Traditionen verpflichtet
– Klassik, teilweise in neuer Sicht und Übersetzung: *Kabale
und Liebe, Der Widerspenstigen Zähmung, Tartuffe, Lysistrata*;
Werke des kritischen Realismus: *Rose Bernd, Die Kassette, Das
Gnadenbrot* (Turgenjew), *Der Bär* (Tschechow), *Kater Lampe*;
zeitgenössische Autoren: Julius Hay, Günther Weisenborn,
Paul Osborn, Carl Zuckmayer; Unterhaltungsstücke: *Der Raub
der Sabinerinnen, Herr Lamberthier* (Verneuil), *Eva im Abend-
kleid* (Gribitz/Dostal); Theater für Kinder: *Das Gotteskind*

110

(Herrmann), *Robinsons Abenteuer* (Mochmann), *Rumpelstilz-chen* (Schrader); Ur- und Erstaufführungen: *Kibi?? (Kann ich bei Ihnen wohnen?)* von Gerhard T. Buchholz, *Das Abgründige in Herrn Gerstenberg* (Axel von Ambesser), *Stürmischer Le-bensabend* (L. Rachmanow). Trotz erheblicher bühnentechni-scher und finanzieller Einschränkungen kamen Aufführungen zustande, die den Vergleich mit anderen Großstadtbühnen nicht zu scheuen brauchten, und Ponto hatte daran einen hohen persönlichen Anteil. Er war ein erschütternder Nathan, ein anrührender Theaterdirektor Striese, der in dieser Rolle auch seine tiefe Liebe zum Theater zum Ausdruck brachte, und ein ergreifender Hauptmann von Köpenick: »Als Ponto-Voigt im 11. Bilde am Bett des kranken Mädchens den Brief, der ihn wieder heimatlos machte, still und gefaßt wie etwas Unwichtiges in der Tasche verbarg, als er, scheinbar ohne Be-ziehung zu dieser Wendung seines Schicksals, die Worte des vorgelesenen Märchens wiederholte: ›komm mit, etwas Besse-res als den Tod werden wir überall finden!‹, hielten die Zuhö-rer den Atem an.« (Volkszeitung) Dem Oberlehrer Krull (*Die Kassette*) gab er »großartige, in die Bezirke E. T. A. Hoffmanns weisende Züge des dunkel-drohenden Dämonischen« (Säch-sische Zeitung), und als Großvater Northrup (*Der Tod auf dem Apfelbaum*) war er »Herz und Mitte der Aufführung (...) Meis-terlich beherrschte Ponto die ganze Skala der Töne und Ge-bärden zwischen dem Senilen, Lebenslustigen, Kindischen und dem Polternden, Querköpfigen, Pfiffigen, zwischen dem Herzlichen, Innigen, Hilflosen und dem Herrischen, Auf-trumpfenden, Verschlagenen. Wie er mit dem Enkel lebt, spielt, scherzt und mit ihm gemeinsame Sache gegen Tod und Tante macht, wie er den Tod überlistet, die Zweifler und Fein-de an der Nase herumführt und endlich ins Bockshorn jagt – das überzeugt unmittelbar als großes, wirksames Theater.« (Die Union) Diese und weitere Rollen ergänzten den schau-spielerischen Radius, den er in den Zwanziger- und Dreißiger-jahren abgesteckt hatte. Und immer noch galt, dass er stück-tragenden Rollen keinen höheren Stellenwert beimaß als Chargen, in denen er auch jetzt brillierte: Sein Gemeindedie-ner Seifert (*Kater Lampe*) und sein Chalon (*Das Abgründige in*

Herrn Gerstenberg) waren Kabinettstücke realistischer Darstellungskunst.

Es ist erstaunlich, welches Arbeitspensum der über Sechzigjährige in den vierzehn Monaten seiner Amtszeit geleistet hat und das unter Bedingungen, die nur mit ungeheurem Kraftaufwand zu bewältigen waren und nicht selten einem Spagat zwischen Theater, staatlich-städtischen Instanzen und der sowjetischen Kommandantur gleichkamen. Die täglichen Belastungen durch lange Fahrtwege bei unzulänglichen Verkehrsverhältnissen (ein Dienstfahrzeug stand nicht zur Verfügung) zwischen Quartier (Ponto wohnte zur Untermiete in Dresden-Gruna), Intendanz (Ostra-Allee) und den jeweiligen Probe- bzw. Spiellokalen kamen hinzu. Allein von Oktober 1945 bis Juli 1946 stand er 193-mal auf der Bühne. Er gab Vortragsabende, sowohl im Rahmen des Spielplans als auch unabhängig davon, und überwachte die künstlerische Ausbildung an der Hochschule für Musik und Theater, die seit dem Sommer 1945 ihren Lehrbetrieb wieder aufgenommen hatte.

Die materielle Vergütung für dieses Pensum erscheint uns heute unglaublich. Sein Vertrag als Schauspieler (vom 1. 6. bis 30. 9. 1945) sah eine Monatsgage von 450 Mark, zuzüglich 50 Mark Spielhonorar für jedes Auftreten vor. Der Dienstvertrag als Generalintendant war mit monatlich 1100 RM – ab 1. Oktober 1946: 1800 RM – einschließlich seiner Tätigkeit als Darsteller dotiert, dazu 200 RM Aufwandsentschädigung. Und ab Januar 1947, als in Dresden alle Bezüge für Solisten erhöht wurden, waren 2000 RM vereinbart, ferner ein mehrmonatiger Gastspielurlaub. Doch dieser Vertrag (bis 31. 8. 1947) galt nur mehr dem Schauspieler Erich Ponto.

Am 31. Dezember 1946 war er als Intendant zurückgetreten und hatte damit die Konsequenzen aus den unerfreulichen dienstlichen Querelen, die seine Amtszeit überschatteten, gezogen. Da war zum einen der Weggang bewährter und langjähriger Kräfte (zumeist aus privaten Gründen), der Ponto und seinem Stellvertreter angelastet wurde; da waren zum anderen Eingriffe in die Spielplangestaltung, die Stücke an der Zensur scheitern ließen und Werke der westlichen Moderne (Anouilh, Giraudoux) ausklammerten. Nicht zuletzt führten

112

Reglementierung und Einmischung in innerbetriebliche Belange vor allem durch das städtische Kulturamt zu ernsthaften Differenzen mit der Theaterleitung. Ponto stellte sein Amt zur Verfügung, das er, wenngleich mit Skepsis, so doch auch mit Elan, Zuversicht und dem Bekenntnis zu Gemeinsamkeit, Toleranz und Liberalität angetreten hatte:

»Mein Demokrat, mein Kommunist:
wenn heil'ge Liebe in euch ist
und ihr den Tempel haltet frei
von Meinungsstreiten und Partei –
sei auch der Weg noch lang,
ist mir ums Ziel nicht bang.«

Diesen Sechszeiler hatte er als seinen Beitrag der ersten Ausgabe der Dramaturgischen Blätter *Gestaltung und Gestalten* beigegeben. Er war nach zwölf Jahren Hitlerherrschaft von einem neuen Verhältnis von Staat und Kunst überzeugt, und der Beginn seiner Intendantentätigkeit schien diese Überzeugung auch zu bestätigen. Denn mit den Vorstellungen der sowjetischen Sieger: durch Rückbesinnung auf die humanistischen Werte der Vergangenheit einen Weg aus den geistigen Trümmern der Gegenwart zu finden, war unschwer ein Konsens herzustellen. Von Wolf Goette, dem Dramaturgen, wird bestätigt, »daß von seiten der russischen Besatzungsmacht die Bühnen der Landeshauptstadt Dresden im Anfang zu keiner Aufführung russischer Stücke genötigt oder gar gezwungen wurden. Schwierigkeiten in diesem Bereich tauchten erst wesentlich später auf.« Ponto verschloss sich auch gesellschaftlichem Engagement nicht und gehörte im Januar 1946 neben Gret Palucca und dem Romanisten Victor Klemperer zur provisorischen Leitung der Ortsgruppe Dresden des Kulturbunds zur demokratischen Erneuerung Deutschlands; er las zugunsten der Volkssolidarität, einer 1945 geschaffenen Organisation zur Altenbetreuung, und er äußerte sich in der Presse positiv zum Volksentscheid in Sachsen über die Enteignung der Betriebe von Kriegsverbrechern (Juni 1946). Doch nun schienen ihm die unerfreulichen Umstände jede Weiterarbeit zu

verleiden. Er war sich klar darüber geworden, dass die Verantwortlichen vor allem auf seinen Namen gesetzt hatten, als sie
ihm die Generalintendanz antrugen, und in ihm einen »leicht
leitbaren Mann« vermuteten, der »sehr wahrscheinlich zur
Ausführung der Interessen nur einer Partei bestimmt war«,
wie es in seinem Kündigungsschreiben heißt. Er wusste aber
auch, dass ein solches Amt seinem innersten Wesen fremd
war, ja zuwiderlief und ihn bedrückte. »Die Widerstände der
Zeit waren stärker als unser Bemühen«, bekannte er freimütig
in seiner Abschiedsrede vor dem Ensemble am 14. Januar
1947. Und er ließ seine Worte ausklingen mit einem Gedicht,
wie er es zu verschiedenen Anlässen immer gern verfasste:

>»So steig' ich denn von meinem Thron
> und leg zurück geliehene Kron' –
> frei ist der Komödiant!

> Dank jedem, der mir hilfreich war.
> Schon schwindet mir der Nöckerer Schar –
> weit ist das Vaterland!

> Der neue Mann steht vor der Tür.
> Seid gut zu ihm, wie ihr zu mir.
> Ich wünsche euch und ihm sodann,
> daß er, was mir versagt war, kann.«

114

Der lautlose Abschied
von Dresden

Es blieb nicht aus, dass sein Rücktritt Spekulationen nährte, die in dieser Demission auch das Ende seiner Tätigkeit in Dresden gekommen sahen, was sich als falsch erwies. Bis Ende Februar spielte er sein Repertoire, gab auch noch einen Vortragsabend (Goethes *Italienische Reise*), dann trat er einen vertraglich zugesicherten Gastspielurlaub an und folgte einer Einladung aus Stuttgart für den *Hauptmann von Köpenick*, den Peter Hamel am dortigen Theater der Jugend vorbereitete. Unter welchen Umständen noch 22 Monate nach Kriegsende so eine Reise von Ost nach West vor sich ging, schildert die Tochter Erich Pontos: »Am 14. Januar hielt mein Vater seine Abschiedsrede und der neue Intendant wurde eingewiesen – dann kamen die endlosen Gänge zur Kommandantur, um Interzonenpässe für meinen Vater, Edith Heerdegen und mich zu bekommen. Am 17. März endlich waren die Pässe da und am 18. gings nachmittags 16.51 von Dresden-Neustadt nach Plauen, 23 Uhr Ankunft. Auf Koffern hockend, aber mit Lebensmut im Wartesaal – verpaßter Zug 2 Uhr 50 wird gut gemacht mit Speditionsholzvergaser (Dressel) bis Gutenfürst. Russische Paßkontrolle. Zug läßt uns stehen – mit LKW nach Hof. Mittag im Wartesaal, essen und waschen. 15 Uhr 11 mit Personenzug bis Nürnberg – 23 Uhr 34 D-Zug nach Augsburg. 5 Uhr 45 ab nach Stuttgart. 7 Uhr 10 am 20. März Ankunft in Stuttgart. Also 38 Stunden abenteuerliche Reise von Dresden nach Stuttgart.« (Eva Doering-Ponto)

Noch während seiner Abwesenheit bestätigten er und die mitverpflichtete Edith Heerdegen Dresdner Rollenangebote. Aus Pressenotizen ging hervor, dass zu Saisonbeginn »am 7.

August der ›Nathan‹ mit dem wieder zur Verfügung stehenden Erich Ponto« gegeben werde; außerdem wurde Meanos Komödie *Die Geburt der Salome* mit ihm angekündigt.

Es kam zu keinem Auftritt mehr. Der seit Mai 1947 amtierende kommissarische Generalintendant hatte als »vorsorgliche Maßnahme im Falle des Nichtzustandekommens eines Engagements Pontos die Vorstellungen ›Nathan‹ und ›Raub der Sabinerinnen‹ vom Spielplan abgesetzt, (...) um eine öffentliche Stellungnahme des Publikums zu verhindern«. Offensichtlich befürchtete man Demonstrationen für Ponto gegen die Theaterleitung.

Verletzt durch diesen Affront wandte er sich – wie bereits bei seiner Kündigung – an alle maßgeblichen Persönlichkeiten und erklärte, dass er sich in Stuttgart nicht zu umfänglicherer Arbeit verpflichtet habe als er in Dresden zu leisten bereit war, verständlicherweise aber auf den Kontakt zu seinen Kindern nicht verzichten möchte. »Mein Sohn ist Schauspieler in Stuttgart, meine Tochter bei einer bayrischen Filmgesellschaft tätig. Ich möchte wenigstens einen Teil des Jahres mit ihnen zusammenleben und meine Frau auch.« Und voller Enttäuschung wird hinzugefügt: »Wem wäre ich hier zu Treue verpflichtet.«

Ein zweiter Brief ging an den kommissarischen Generalintendanten Karl von Appen. Darin heißt es: »Ich bin durch die Absetzung des ›Nathan‹ und die Nichterlaubnis meiner Vorlesungen in eine Lage gebracht, die der eines gemaßregelten Schuljungen gleichkommt. Auf einer solchen Basis kann ich nicht verhandeln.« Er bat bis zum Ablauf seines Vertrages (31. 8.) um Urlaub, um ein Filmangebot wahrzunehmen. Auch diese Ausreise ging nicht komplikationslos vonstatten. Eva Doering-Ponto berichtet: »Da auf Anfrage sein Paß nicht verlängert wurde, schickte Produktionsleiter Georg Richter den Kameramann Rosenbaum mit einem in Hamburg ausgestellten Paß nach Dresden und dieser geleitete meinen Vater über Berlin am 15. August – Marienborn, Helmstedt nach Hamburg – dann weiter nach Dannenberg, wo er Aufnahmen für ›Film ohne Titel‹ hatte.«

Der Weggang Erich Pontos gehört zu den schmerzlichen Kapiteln der Dresdner Nachkriegsgeschichte, denn weder als überragender Darsteller konnte er jemals ersetzt werden, noch als der – wie er es einmal nannte – »sogenannte ›gute Geist‹ eines Hauses (...), den man gelegentlich um Rat fragt«.

Es hat in den folgenden Jahren nicht an Versuchen gefehlt, den Fehler des Sommers 1947 zu korrigieren und Ponto wenigstens gastweise für Dresden zurückzugewinnen, doch alle Bemühungen – ob vonseiten Horst van Diemens (Ende 1947), Martin Hellbergs (1950) oder Heinrich Allmeroths (1954) unternommen – blieben erfolglos. Zu keinem Ergebnis führten auch die Angebote des 1949 ins Leben getretenen »Berliner Ensembles«. Wie Therese Giehse, Berthold Viertel und Leonard Steckel wollten Brecht und die Weigel auch den ersten Darsteller des Peachum an ihr Theater binden. Eine entsprechende Anfrage ging an Erich Ponto 1953 und 1954, doch er, in Stuttgart heimisch geworden, lehnte ab mit der Begründung:

»Ich habe mich in meiner beruflichen Tätigkeit nie von politischen Argumenten leiten lassen – es hat mich stets nur die künstlerische Aufgabe interessiert. – Da nun aber eine Arbeit an Ihrem Ensemble von einer bestimmten politischen Einstellung nicht zu trennen ist, muß ich aufs Neue zu meinem aufrichtigen Bedauern, wie ich es Brecht schon vor einem Jahr zu verstehen gab, mir eine Mitarbeit versagen.«

Der Brief an Helene Weigel vom 6. Februar 1954 schließt mit den Worten: »Ich wünsche Ihnen aber in Ihrem neuen Wirkungskreis im Haus am Schiffbauerdamm, an das ich mich aus vielen Gründen oft und auch gern erinnere, das denkbar Beste und grüße Sie mit Brecht aufs Freundlichste als Ihr alter Ponto.«

Ein neuer Start

Pontos Hauptmann von Köpenick fesselte das Stuttgarter Publikum genauso wie das Dresdner anderthalb Jahre zuvor. Die Stuttgarter Presse schrieb: »Da war kein falscher Ton, keine pathetische Geste, da war kein Bruch zwischen dem alten Schuster und dem ›schnoddrigen‹ Hauptmann, er wurde nicht wirklich zum ›Militär‹, sondern er hatte die Uniform nur umgetan, sie war nur das Mittel zum Zweck, den Paß zu bekommen, das zu bekommen, was man ›zum Leben braucht‹.« Unter der Regie von Peter Hamel spielte er am Theater der Jugend ferner den gestrauchelten Herrn Chalon in *Das Abgründige in Herrn Gerstenberg* sowie gemeinsam mit Edith Heerdegen einen Einakter-Abend mit Stücken von Jonquille, Cocteau und Courteline. Auch hatten sich für ihn während dieser vier Monate Möglichkeiten bei Funk, Film (in München drehte er unter Harald Brauns Regie *Zwischen gestern und morgen*) und für Vortragsabende ergeben. Und es lag für ihn und Edith Heerdegen ein konkretes Angebot vor. Edith Heerdegen berichtet: »Während dieser Zeit war am Staatstheater das Triumphirat Ruppel, Henrichs, Riedy. Der GMD Wetzelsberger war Intendant, und die kamen also und boten uns einen Vertrag an. Der Ponto sagte nein, nein, ich geh zurück nach Dresden, ganz klar, und dann fuhren wir zurück nach Dresden.«

Nach dem Bruch mit den Bühnen der Landeshauptstadt und seinem endgültigen Weggang aus der Elbestadt griff Ponto auf dieses Angebot zurück. Im Württembergischen Staatstheater begegnete er Kollegen aus der Dresdner Zeit: Hermine Körner, Paul Hoffmann, Walther Kottenkamp, und im Ensemble so profilierten Darstellern wie Mila Kopp, Gisela Uhlen, Ruth

Schuster Voigt
(*Der Hauptmann von Köpenick*)

Hellberg, Albert Florath. Auch Filmver-
pflichtungen ergaben sich. Außer seiner
Mitwirkung in Rudolf Jugerts *Film ohne
Titel* mit Partnerin Carsta Löck als
Flüchtlingsehepaar boten weitere Aufgaben Heinz Rühmann (*Die kupferne Hochzeit*) und Wolfgang Liebeneiner. In dessen Filmversion *Liebe 47* nach Wolfgang
Borcherts Stück *Draußen vor der Tür*
spielte Ponto den alten Mann, »an den
keiner mehr glaubt«. Sein Partner und
Kontrahent als Beerdigungsunterneh-
mer war Albert Florath, dem er am Württembergischen Staatstheater als Engstrand in Ibsens *Gespenstern* nachfolgte. Bis
1948 ist Ponto in Stuttgart in Episoden wie stücktragenden Rollen zu sehen, so als Tod in Garcia Lorcas lyrischer Tragödie
Bluthochzeit, als Inspektor Goole in John B. Priestleys *Ein Inspektor kommt*, und er gibt damit nach Ansicht der Stuttgarter
Nachrichten »mehr als einen Polizeimann. Er spielt die Gestalt
(...) gleichsam als das menschliche Gewissen: mit den Zeichen höherer Macht. Bewundernswert, mit welch abgestuftem
subtilem Spiel das Ensemble ohne Ausnahme darauf reagiert
unter Verzicht auf jede einseitige oder plumpe Färbung.« In
Zuckmayers *Des Teufels General* ist er ein Arbeiter (eine stum-
me Rolle) und in Lessings *Emilia Galotti* Angelo. Auch zwei
alten Bekannten begegnet er wieder: dem Geheimrat Schlüter
(*Das lebenslängliche Kind*) und dem Rentier Fritz Beermann,
angesehener Vorstand eines Sittlichkeitsvereins, dessen Name
eines Tages in der ›Kundenliste‹ einer stadtbekannten Dame
von zweifelhaftem Ruf auftaucht (*Moral* von Ludwig Thoma).
»Der Verzweiflungskampf des Duckmäusers gegen die Blama-
ge und das Sich-wieder-in-die-Brust-werfen des geretteten
Ehemannes: Das war eine glänzend nuancierte und bis in die
letzte Regung ausgefeilte Charakteristik, eine unerschöpfliche
Variation der leisen Töne, von denen jeder das vielfache Echo

119

eines hellen Lachens weckte.« (Hermann Haufler) Die Inszenierung von Helmut Henrichs, 1948 im Kammertheater in der Neckarstraße herausgekommen, wurde 1953 im Schauspielhaus wieder aufgenommen.

Das Jahr 1948 brachte auch ein Gastspiel in München. Dem Kabarett ›Die Schaubude‹, dessen Ruf Erich Kästner, Axel von Ambesser, Edmund Nick, Rudolf Schündler, Hellmuth Krüger und Ursula Herking begründet hatten, war ein Theaterstudio angegliedert, in dem Ernst Nebhuts *Stundenhändler* und Carl Zuckmayers *Hauptmann von Köpenick* in der Regie von Otto Wernicke mit Erich Ponto herauskamen. München sollte auch in den folgenden Jahren eine wichtige künstlerische Station für Ponto bleiben.

Wiedersehen mit Paul Dahlke (links) und Erich Kästner

120

Begehrt von Bühnen und Filmstudios

Pontos Theaterarbeit erstreckte sich von 1949 bis zu seinem Tode 1957 vornehmlich auf vier Bühnen: Staatstheater Stuttgart als – wie er es nannte – ›Mutterhaus‹, Deutsches Theater Göttingen, Kammerspiele München und Schauspiel Wuppertal. Wie es zur Verpflichtung nach Göttingen und später nach Wuppertal kam, darüber gibt Edith Heerdegen Auskunft: »Der Henrichs hatte plötzlich eine Schnelligkeit. Der war doch eigentlich ein langsamer Mensch. Plötzlich hat der etwas entwickelt, der ging hin, hörte, daß der Schäfer [als Intendant, H. Schn.] kommt, und für ihn war es klar, daß er wegging – zu Hilpert. An einem Neujahrstag oder Silvester, glaube ich, ist der überall rumgefahren. Die Kayßler, die Mila Kopp, die Gabriele Reißmüller, der Ponto und ich – der fuhr rum und sagte ›Ihr kommt mit nach Göttingen. Zum Hilpert‹, und hat an diesem Tag uns alle eingekauft. Wir haben gesagt, ja natürlich, denn was soll denn jetzt hier kommen (...) Schlossen alle ab, und am selben Tag kommt in die Kantine Paul Hoffmann und sagt zum Ponto: ›Also Erich, ich bin Schauspieldirektor. Den ersten, den ich engagiere, bist Du.‹ Da sagte der, ja, ich hab' aber gerade in Göttingen abgeschlossen. Und da hat es der Paul Hoffmann dann fertiggebracht, die Mila, den Ponto und mich halbjährlich zurückzuholen. Die anderen gingen (...) Dann gingen wir also ein halbes Jahr alle nach Göttingen. Zwei Jahre lang. Und als Henrichs nach Wuppertal ging, gingen wir ein halbes Jahr nach Wuppertal.«

Es ist anzunehmen, dass für Ponto auch noch andere Gründe ausschlaggebend waren. Die Zusammenarbeit mit Heinz Hilpert dürfte ebenso verlockend gewesen sein wie eine Ver-

Als Lohmann in *Der Tod des Handlungsreisenden*
mit Lisa Macheiner,
deutsche Erstaufführung München 1950

Fortunatus Wurzel
(*Der Bauer als Millionär*),
Göttingen 1953

pflichtung an das Haus, an dem sein Sohn engagiert war
(Klaus Ponto war von 1953 bis 1956 am Schauspiel Wuppertal).

Bei Heinz Hilpert in Göttingen ist er 1950 Holzapfel (*Viel
Lärm um nichts*) und Fortunatus Wurzel (*Der Bauer als Millionär*), den er auch 1953 gibt; weiterhin spielt er den Schluck
(*Schluck und Jau*), den Ortsgendarm Neyroud in Zuckmayers
Gesang im Feuerofen (1950 und 1952) und den Bischof von
Beauvais, Peter Cauchon, in Bernard Shaws Chronik *Die heilige Johanna*. 1952 ist er mit dieser Rolle auch in Stuttgart
besetzt und beeindruckt durch die Art, »die tückischen Krallen
seiner Intoleranz« zu verbergen, wie die Stuttgarter Nachrichten meinten: »Menschlicher läßt sich ein unmenschliches
Prinzip nicht verfechten.«

Einen eigenen Stellenwert nehmen seine Gastverpflichtungen an die Münchner Kammerspiele ein, waren sie doch mit
drei Erstaufführungen verbunden. Am 26. April 1950 hatte
Arthur Millers Schauspiel *Der Tod des Handlungsreisenden*
(Übersetzung Ferdinand Bruckner) Premiere. Unter der Regie

von Intendant Hans Schweikart spielte Erich Ponto den Willy Loman, was die Deutsche Zeitung, Stuttgart, als schauspielerisches Ereignis der Aufführung bezeichnete. »Er hat die Faszination des Unscheinbaren. Aus zusammengeraffter Forschheit und aufsteigender Angst, aus gespielter guter Laune und echter Müdigkeit, aus dem krampfhaften Festhalten der großen Illusion und dem jähen Zurücktaumeln in die Entzauberung steigt die Vision eines Phantasten vom Schlage Don Quichotes und eines Entwürdigten aus dem Geschlecht König Lears: Magie des genialen Schauspielers, der in der unbedeutenden Gestalt eines belanglosen Menschen von heute die ganze, bis in die große Tragödie zurückreichende Genealogie des ›Helden‹ mitverkörpert.« (K. H. R.)

1953 ist er in der Uraufführung von Friedrich Dürrenmatts Komödie *Ein Engel kommt nach Babylon* (Regie Hans Schweikart) der Bettler Akki. Wolfgang Drews schrieb in der Frankfurter Allgemeinen: »Eine großartige Rolle für Erich Ponto, der ohne viel Aufhebens und ohne sichtbare Anstrengung die Gestalt hinstellt, eine Märchenfigur auf einer sehr soliden realen Grundlage, treffend und überlegen in Prosa und Poesie, in seinen präzis gesetzten Dialogen, drastischen und zarten Sprechgesängen. Der bewegliche, gewitzte kleine Mann, der mühelos die Großen dieser Erde in die Taschen seines zerschlissenen Kittels steckt, läßt das Kalkül des Autors vergessen. So viel Herz und Herzhaftigkeit, so schlicht und sachlich dargeboten, ist selten auf den deutschen Bühnen.«

Und im Februar 1954 steht Ponto noch einmal auf den Brettern der Kammerspiele: in der westdeutschen Erstaufführung von Arthur Millers Drama *Hexenjagd*. Abermals hat der Hausherr inszeniert, und neben Therese Giehse, Maria Nicklisch, Johanna Hofer, Maria Wimmer, Gertrud Kückelmann, Siegfried Lowitz, Hans Christian Blech, Peter Lühr, Rudolf Vogel spielt Erich Ponto den brutalen Unterstatthalter Danforth »als trefflich arbeitendes Werkzeug eines Gesetzes, das Übertretung und Urteil in seinem Vorhandensein schon voraussetzt«. (Ludwig Wismeyer) Im Unterschied zu Berlin, wo Karl-Heinz Stroux die deutsche Erstaufführung des Dramas besorgt hatte und wo die erwartete Resonanz ausgeblieben war, »hypnoti-

Hassenreuter in *Die Ratten*
mit Edith Heerdegen als
Sidonie Knobbe, Stuttgart 1949

sierte« das Stück in München »das Premierenpublikum und brachte 32 Vorhänge zustande«. (Die Welt)

Von den nahezu 60 Rollen, in denen Erich Ponto während seiner zehnjährigen bundesdeutschen Theatertätigkeit auftrat, entfielen die meisten auf Stuttgart, und unter diesen waren wiederum nicht wenige, die bereits in Dresden zu seinem Repertoire gehört hatten wie der Rentier Beermann und der Geheimrat Schlüter, der Theaterdirektor Hassenreuter (*Die Ratten*), Melvil (*Maria Stuart*), Holzapfel und Zettel (*Ein Sommernachtstraum*), auch der Polonius (*Hamlet*) und Thersites (*Troilus und Cressida*), Gerhart Hauptmanns Schluck oder der Wirt in *Minna von Barnhelm* und der Narr in *Was ihr wollt*, den die Presse als Mittelpunkt der Aufführung bezeichnete: »Erich Ponto spielte ihn ganz einsam – nur Shakespeare verbunden. Mit freundlichen kleinen Schritten trollte er sich durch die verschiedenen Ebenen der Aufführung, zu klug, um irgendwo zu verweilen, zu nachdenklich und bescheiden, um irgendwo vorüber zu hasten.«

Die Rolle freilich, in der er 1954 in Stuttgart so beeindruckte wie Jahre und Jahrzehnte zuvor in Dresden, war der Nathan, wohl die Ponto-Rolle schlechthin. In Dresden stand sie 1945 am Wiederbeginn des Spielbetriebs, in Stuttgart hatte sie sich der Künstler zu seinem 70. Geburtstag gewünscht. Es wurde für ihn ein ganz großer Abend. Viele Rezensenten wiesen auf die Deckungsgleichheit von Schauspieler und Rolle hin und hoben die unpathetische Würde, die tiefe Weisheit, Güte und Menschlichkeit seiner Darstellung hervor, die ihre Kraft aus der Fülle eines gereiften und begnadeten Lebens gewinnt. Paul Hoffmanns Inszenierung schlug – inspiriert von Pontos Nathan – einen heiteren Ton an. »Er führte die Darsteller zum Leichtgewicht und nahm den Verwicklungen das Bedrohliche.« (Siegfried Melchinger) Übereinstimmung herrschte auch darin, dass Pontos Nathan zu den unvergesslichen Stuttgarter Theatererlebnissen gehöre.

Im Januar 1956 gastierte das Württembergische Staatstheater mit dieser Inszenierung im Theater in der Josefstadt Wien, und auch hier fand Pontos Leistung große Anerkennung und Bewunderung. »Das Ereignis des Abends war, wie könnte es anders sein, Erich Ponto als Nathan. Er machte mit seiner Weisheit nicht viel her und ließ sie darum nur desto eindringlicher aufleuchten, im milden, leisen Licht, aus der großen, von vieler Erfahrung gesicherten Distanz eines Alters, das niemals greisenhaft wirkte oder patriarchalisch: ein Mensch unter Menschen, irdisch, bedächtig, verschmitzt – sein Reichtum, so schien es bisweilen, stammte von glücklichen Spekulationen in persischem Öl, aber seine Weisheit stammte aus dem Herzen. Die erste Begegnung mit dem Tempelherrn und vollends die Ringerzählung, die er wahrhaftig so anzulegen wußte, als fiele sie ihm Satz für Satz erst während des Sprechens ein, waren Höhepunkte aller-

Als Nathan der Weise mit Rolf
Henniger als Tempelherr,
Stuttgart 1954

edelster Schauspielkunst, wie man sie auf der deutschen Bühne nur noch ganz selten erleben darf.« (Friedrich Torberg)

In Wuppertal, wo Ponto im April 1956 unter der Regie von Heinz Dietrich Kenter den Nathan spielte, verglich Albert Schulze Vellinghausen dessen Darstellung mit der von Ernst Deutsch, dem Interpreten der Rolle 1954 in Recklinghausen: »Deutsch ›ist‹ ganz gesammelte Form, geschmeidig, streng, fremd, ein Monument von höchster Disziplin, mit psalmodierend musikalischem Grundrhythmus. Nur hie und da Komödie andeutend. Ponto ist lockerer, mehr irdisch-nahe, mitunter fast gefällig. Aber wenn er dann die Ringparabel aus hundert Stufen ›baut‹ – welcher Baumeister! Und welches Glück für uns, in den verengten Reichen unserer Sprachlandschaft zwei ebenbürtige Vertreter, zwei große Varianten dieser wunderbaren Partitur zu wissen.«

Zu den großen Stuttgarter Ponto-Abenden (die hier nicht alle genannt werden können und eine eigene Darstellung verdienten) gehören auch Gerhart Hauptmanns *Michael Kramer* (1952), *Kabale und Liebe* (1954), *Der Regenmacher* von Richard

Nash (1955), *Der Kaufmann von Venedig*, *Die Heiratsvermittlerin* von Thornton Wilder (beide 1956). *Kabale und Liebe* war der Auftakt zum bevorstehenden Schiller-Jahr. Ponto als Kammerdiener erstickte nach einer Pressemeinung »den Schrei der 7000 nach Amerika verkauften Landeskinder in der Tiefe eines zerquälten Herzens, so daß das gesprochene Wort wie ein lange nach-

Kammerdiener in
Kabale und Liebe,
Stuttgart 1954

126

hallendes Echo im Raum stand«. Er wirkte in dieser Rolle auch bei den Salzburger Festspielen 1955 mit. In der Inszenierung von Ernst Lothar sah das Publikum Maria Schell (Luise), Will Quadflieg (Ferdinand), Heidemarie Hatheyer (Milford), Walter Franck (Präsident), Ewald Balser (Miller), Bruno Hübner (Wurm), Leopold Rudolf (Kalb) und Adrienne Gessner (Millerin).

Der Regenmacher gehörte zu den zahlreichen deutschen Erstaufführungen, die Stuttgart herausbrachte. Ponto spielte den Curry, der mit seinen beiden Söhnen vergeblich versucht, seine Tochter Lizzi (Edith Heerdegen) an den Mann zu bringen, bis eines Tages der liebenswürdige Fantast und Schwindler Bill Starbuck auf die Curry-Farm kommt. »Der lebenskluge und humorvolle, wenn es sein muß aber auch noch sehr energische H. C. Curry erschien Erich Ponto geradezu auf den Leib geschrieben. So sehr wurden bei ihm wieder einmal Darsteller und Rolle eins. Ponto erreichte mit einer kleinen Geste, einer Veränderung der Augenstellung mehr als andere mit ganzen Szenen.« (Hermann Dannecker)

Nach seinem 70. Geburtstag im Dezember 1954, zu dem ihm das Bundesverdienstkreuz verliehen wurde, erkrankte der Künstler schwer. Er musste sich mehreren Darmoperationen unterziehen, fiel lange aus und war danach wegen eines offenen Bauchausgangs zu schonendem Einsatz genötigt. Außer seinen Verpflichtungen in Wuppertal waren es hauptsächlich zwei Rollen, die er in Stuttgart noch übernahm: der Shylock und der Vandergelder. In beiden Stücken war Edith Heerdegen – als Porzia und Mrs. Dolly Lewin – seine Partnerin. Über seinen Shylock (den er erstmals 1924 in Dresden gespielt hatte) lesen wir: »Die tragische Auffasssung der Rolle im Sinne von Heine – nicht als ›gedrillter Werwolf‹, auch nicht als spezifisch jüdisch, sondern als stellvertretend für den Unterdrückten überhaupt – war gegeben für jeden Schauspieler, der die Figur aus der Zeit heraus interpretiert. Aber die Verinnerlichung und Verhaltenheit, die Ponto seinem Shylock gab, die leisen Töne, selbst bei den Ausbrüchen, der Mut, das spezifisch Jüdische nicht wegzueskamotieren (was das Einfachere gewesen wäre), sondern es zu einem Allgemein-Gültigen um-

127

zuschmelzen, das konnte wohl kaum einem anderen Schauspieler so gelingen wie Ponto.«

Wilders Stück – eine ins Amerikanische gewendete Nestroy-
Posse (das später seinerseits eine Transponierung ins Musical
erfuhr) – dreht sich um die lebenslustige Dolly Lewin und den
reichen aber knauserigen Kaufmann Vandergelder, auf den
sie es abgesehen hat. Ponto als Pfennigfuchser-Goldvogel war
»ein großartiger Vandergelder. Am Anfang knurrig, sehr der
Macht seines Geldes bewußt und deshalb immer von oben
herab, zuletzt jedoch weiches Männerwachs in den energi-
schen Frauenhänden der Miss Dolly Lewin.« (Neue Württembergische Zeitung)

Diese Rolle war die letzte künstlerische Aufgabe, die Erich
Ponto in Stuttgart übernehmen konnte. Sein Leiden verschlim-
merte sich, sodass er Vorstellungen absagen musste. Am 9. Januar 1957 spielte er noch einmal den Nathan, am 16. Januar
den Shylock. Es sollte sein letzter Auftritt sein. Am 4. Februar
erlag er in Stuttgart der heimtückischen Krankheit. Die Theaterwelt hatte einen ihrer Großen verloren.

Die Filmwelt auch, denn Ponto hatte zwischen 1947 und
1956 in über 25 Filmen mitgewirkt. Oft waren es, wie früher
schon, einprägsame, unver-
wechselbare Epidosen wie
in *Schicksal aus zweiter
Hand*, dem Curt-Goetz-Film
Frauenarzt Dr. Prätorius
oder in Rolf Hansens *Die
große Versuchung*. Er arbeitete mit den Regisseuren
Wolfgang Staudte, Hans
Schweikart, Kurt Hoffmann,
Ulrich Erfurth, Alfred Wei-
denmann, Helmut Käutner,
Josef von Baky – außer den
bereits genannten – zusammen und 1949 mit Carol

Als Shylock, Stuttgart 1956

128

Reed. Der englische Regisseur
verfilmte einen Stoff von Gra-
ham Greene, der im Nachkriegs-
Wien spielte und dessen Hauptrollen mit Orson Welles, Joseph
Cotton und Alida Valli besetzt
waren. Von deutschen Schauspielern wirkten in diesem Polit-
krimi Hedwig Bleibtreu, Paul
Hörbiger, Ernst Deutsch, Siegfried Breuer und Erich Ponto
mit. *Der dritte Mann* ging um die
Welt, und seine Musik, eine auf
der Zither gespielte Melodie, eroberte die Rundfunksender. Er
behauptet auch heute noch einen besonderen Platz unter den
Nachkriegsfilmen.

Neben Filmbiografien – *Herz der Welt* oder *Sauerbruch* –
war Ponto auch in heiteren Streifen wie *Hokuspokus, Das fliegende Klassenzimmer, Keine Angst vor großen Tieren* zu sehen.
Aus der Vielzahl der Produktionen dieser Zeit heben sich zwei
als bedeutsam ab: Helmut Käutners *Himmel ohne Sterne*
(1954/55) und Josef von Bakys *Robinson soll nicht sterben*
(1956). *Himmel ohne Sterne* erzählt die Geschichte der Fabrik-
arbeiterin Anna Kaminski aus einem Ort in Thüringen und des
Grenzpolizisten Carl Altmann aus Oberfranken, deren Liebe
die sie trennende Grenze zu überwinden sucht und die beide
Opfer der deutschen Teilung werden. In dem milieustimmi-
gen, atmosphärisch dichten und hervorragend besetzten Film
– Eva Kotthaus, Lucie Höflich, Camilla Spira, Erik Schumann,
Georg Thomalla, Gustav Knuth und in seiner ersten Filmrolle
Horst Buchholz als sowjetischer Soldat – spielte Erich Ponto
den Hauptlehrer Kaminski, der, obwohl schon lange nicht
mehr im Schuldienst, seine Zeit mit der Durchsicht alter Auf-
satz- und Diktathefte zubringt, wenn er nicht mit Mischa, dem

Fahrer bei der Kommandantur, Schach spielt. Ponto zeigt eine eindringliche Charakterstudie, verhalten, still, wortkarg. Unvergesslich die Szene, in der er dem westdeutschen Besucher seiner Enkeltochter das seltsame Verhalten seiner Frau entschuldigend zu erklären versucht: »Die Dinge sind für sie nicht mehr am richtigen Platz, seit dem Angriff auf Dresden.« Es bleibt zu bedauern, dass der Film nie im Osten Deutschlands gelaufen und auch heute nicht mehr zu sehen ist.

Robinson soll nicht sterben fußt auf dem gleichnamigen Theaterstück von Friedrich Forster. Im Mittelpunkt der Handlung steht der alte Daniel Defoe (Erich Ponto), dem von seinem verschwenderischen Sohn (Horst Buchholz) die Handschrift des *Robinson* entwendet wird, um zu Geld gemacht zu werden. Als die Kinder, denen Defoe immer vorlas, um ihnen ihr tristes Dasein in der Fabrik zu erleichtern, davon erfahren, beschließen sie, Defoe zu helfen. Maud (Romy Schneider) dringt bis zum König (Mathias Wiemann) vor, der alles wieder in Ordnung bringt. Der zwischen kindlich-märchenhaften und sozialkritischen Zügen angelegte Film war Erich Pontos letzte Arbeit im Atelier. Er hat den fertigen Streifen nicht mehr gesehen. Am Tag seiner Beerdigung war die Premiere.

Nicht zuletzt durch seine Filme ist Erich Ponto bis heute unvergessen. Sie halten die Erinnerung an diesen großen Menschengestalter wach, ebenso wie Bilder und Büsten, nach ihm benannte Straßen oder – seit 1999 in Dresden – ein Preis für schauspielerische Leistungen.

Auch dieses Buch verfolgt keine andere Absicht.

Anhang

Erich Ponto
Kurz gefasster Lebenslauf
(1933)

Meine Geburtsstadt ist Lübeck, in Hamburg-Altona wurde ich
erzogen und in München bin ich zur Welt gekommen. Mein
Vater war Kaufmann; trotzdem hatte er viel Humor. – Er starb,
als ich noch Kind war. Weil in Hamburg die Steuern niedriger
sind als in Preußen, so wohnten wir dort; weil hingegen in
Preußen das Schulgeld geringer, wanderte ich täglich nach Altona über die Grenze. Mit 13 Jahren inszenierte ich auf einem
befreundeten Dachboden mit zwei Kameraden und einem vertrockneten Weihnachtsbaum »Wallensteins Lager«; ich selbst
spielte den Trompeter und die Aufwärterin. Verwandte fanden,
daß Apotheker ein schöner Beruf sei. Ich auch. Nach drei Wochen Lehrzeit hatte ich Frostbeulen an den Händen. Der Kreis
der Freunde half über drei Jahre Lehrzeit hinweg. Ein Jahr am
Rhein, Landschaft und andere Menschen erweiterten den
Blick. Und dann kam München. Akademische Freiheit. Alle
Sinne aufgeschlossen. Bald fiel das Akademische. Der bloße
Eintritt ins Laboratorium verursachte körperliches Unbeha-
gen; die Seele atmete sich in den Wäldern an der Isar aus.
Nach langem Hin und Her fand ich einen großen Nagel, hing
den Apotheker dran auf und trat an der Hand eines sicheren
Lehrers, ehrfürchtig und bewußt zugleich, auf die Bretter, die
die Welt bedeuten und genoß zum ersten Mal die Freude
schöpferischer Arbeit. Ein kleiner Schritt: Passau. Noch einer:
Reichenberg in Böhmen. Ein großer Schritt: Düsseldorf. Ein
Sprung: Dresden. – Dort spiele ich nun schon eine geraume

Weile Komödie. Man hat oft gefragt, warum ich nach meinen Berliner Gastspielen noch immer in Dresden bliebe. Ja – »ubi bene, ibi patria«, zu deutsch »Wat den Een sien Ul is, is den Annern sien Nachtigall.« Auch darf ich hier manchmal den Leuten Jean Paul vorlesen. Warum gerade Jean Paul? – Es gibt Leute, die lesen den Börsenbericht. Warum soll ich nicht Jean Paul lesen? – Wenn ich an die Reichenberger Zeit zurückdenke, wird mein Herz glatt wie ein Spiegel, und der Himmel erstrahlt wolkenlos. – Ein glücklich zusammengesetztes Ensemble unter der liebevollen Führung des unvergeßlichen Karl Krug, zum ersten Mal tätige Mitarbeit an den Inszenierungen, wenn auch im Stillen, in einer verschwiegenen Ecke des Ratskellers (o Orell, welch ein Aufbau für Solimans Sterbelager! Wie geschickt hast Du den Kleinen, wenn er einen König spielen sollte, auf Stufen und Balkone postiert!), freundliche Aufnahme in der geistig regsamen Schlaraffia – kann ein junger Mensch mehr verlangen? – Und wenn ich gelegentlich wiederkommen durfte, jedes Mal, trotzdem die Welt ihr Gesicht inzwischen oft gewechselt hat, spüre ich stark und unverändert den Geist dieser Stadt und ihres schönen Theaters.

Auskünfte von seinen Kindern

EVA DOERING-PONTO

(Gespräch mit dem Autor 1999)

SCHNEIDER: Frau Doering, 1916 haben Ihre Eltern geheiratet. War Ihre Mutter auch ›vom Bau‹?

EVA DOERING: Nein, meine Mutter war wohlbehütet aufgewachsen, als Jüngste von drei Kindern. Die beiden älteren Brüder sind im Ersten Weltkrieg gefallen.

Meine Mutter hat Ponto in der Jugendzeit kennen gelernt. Er war sehr oft bei ihren Eltern zu Hause, weil er sich dort sehr wohl fühlte. Er war mit ihren Brüdern befreundet. Mit dem einen ist er in die Schule gegangen. Der Grundgedanke bei meinem Vater war: So ein schönes Heim möchte ich auch mal haben, und da wird es ja wohl kein Fehler sein, wenn ich die Tony heirate. – Es ist auch viele Jahre gut gegangen, und wir hatten dann ja auch ein schönes Zuhause.

Tochter Eva

Pontos Frau, Tony geb. Kresse

SCHN.: Gibt es noch Erinnerungen an die Wohnung, in der Sie 1918 geboren wurden? An die Elisenstraße?

EVA D.: Ja, viele. Ich bin ja von dort aus noch ein halbes Jahr zur Schule gegangen. Nur um die Ecke rum, Marschner Straße.

SCHN.: Wie spielte sich das Familienleben zu Hause bei Pontos ab?

EVA D.: Das wurde natürlich dominiert durch den Rhythmus des Vaters. Meinen Vater habe ich nicht viel zu sehen bekommen. Früher nicht und später auch nicht.

SCHN.: Gab es so etwas wie einen regelmäßigen Tagesablauf, auf den Erich Ponto Wert gelegt hat?

EVA D.: Regelmäßig unregelmäßig. Wir mussten immer mit dem Essen auf ihn warten, was sehr lästig war, denn wenn er spät von der Probe kam – meine Mutter wärmte nicht auf –, da stand man eben und wartete auf das Telefonzeichen. Wenn es zweimal läutete und danach aufgelegt wurde, dann wussten wir, jetzt fährt er am Postplatz ab oder setzt sich, wenn es mal sehr spät wurde, in ein Taxi und lässt sich schnell nach Hause fahren. Nach dem Essen war Ruhe, da wurde der Stöpsel aus dem Telefon gezogen. Mittagsruhe. Da durfte nichts passieren. Dann war Kaffeepause und dann gingen wir eventuell einmal ums Eck. Das war viele Jahre so. Entweder sind wir stumm nebeneinander hergegangen, oder ich hatte das Textbuch in der Hand für die Rolle am Abend, die memoriert werden musste. Und wenn er abends nach Hause kam, war ich längst wieder im Bett. Früh war ich in der Schule. Ich wurde von unserer Anna wach gemacht. »Eva, aufstehen!« Da stand in der Küche das Frühstück, dann ging ich in die Schule. Meine Eltern standen natürlich viel später auf. Sie gingen doch vor halb zwei Uhr nicht ins Bett.

SCHN.: Frühstückten dann aber gemeinsam?

EVA D.: Ja, natürlich.

SCHN.: Sie erwähnten die Anna. Es gab also ein Kindermädchen oder Hausmädchen?

EVA D.: Ja. Das war eine einfache Frau, die besorgte die Küche. Das Kochen, das Backen. Früh kam das Gemüse,
da ging sie runter und kaufte alles ein. Und wie es
dann hieß, dass da wieder was unterwegs ist –

SCHN.: Sie meinen Ihren 1927 geborenen Bruder Klaus –

EVA D.: – Ja, da sagte sie ganz grob: »Ich wasch' keene Win-
deln mehr!« Sie war es dann aber, die meinen Bruder
vertutelte. Er musste überall mit. Auch das Gemüse
holen. Was sonst noch gebraucht wurde, das holte
meine Mutter. Die ging dann zu Fuß in die Stadt, in die
Webergasse, und kaufte in der Markthalle ein. Zwei-
bis dreimal die Woche machte sie diese Einkäufe,
alles zu Fuß, hin und zurück.

SCHN.: Machte die Familie Urlaub – und wo?

EVA D.: Meine Herbstferien verbrachte ich meistens mit meiner Mutter in Hamburg-Altona, solange die Groß-
eltern noch lebten. Später waren wir in der Magdale-
nenstraße in Hamburg, bei meiner Cousine und bei
meinem Vetter.

SCHN.: Und in den großen Ferien?

EVA D.: Da waren wir meistens an der See, mit meiner Tante
Ele, der Frau von Robert, und ihren Kindern Hanne
und Jürgen. Nur mein Vater war nie dabei! Der war
einmal mit in Sankt Peter. Die einzigen Ferien mit
ihm, meiner Mutter und mir – da war Klaus noch nicht
da – waren in Kampen auf Sylt.

SCHN.: Und wo war ihr Vater, wenn Sie Ferien machten?

EVA D.: Der war meistens in einem Bad, wo er sich regenerie-
ren konnte. In Piešťany, in Bad Gastein, und später in
Bormio, immer mit Edith zusammen.

SCHN.: Edith Heerdegen?

EVA D.: Ja. Mein Vater hatte große Schwierigkeiten mit seinen
Gelenken. Ischias, Arthrose. Viele Kollegen haben das
immer erzählt. Er ist zeitweise an Krücken gegangen.
Abends ist er zur Vorstellung gegangen, hat die Krücken hinter der Bühne abgestellt, ist dann als Puck auf
die Bühne gesprungen, und man hat nichts gemerkt.

SCHN.: Ich habe es selbst erlebt im *Schneider Wibbel*, wo er

135

dem Feuerwehrmann die Krücken in die Hand gedrückt hat und auf die Bühne gesprungen ist wie ein Operettenbuffo.

EVA D.: Ich kann mich nur erinnern, dass auf dem Tisch ein Häufchen Pillen stand, die er regelmäßig schluckte, nur damit er schmerzfrei war. Wenn er zur Kur war, hat er immer viel geschrieben und mir Zeichnungen gemacht.

SCHN.: Er war ja in Dresden ein sehr dominierend beschäftigter Darsteller. Wann hat er seine Rollen, diese riesigen Rollen wie Richard der Dritte oder der Geizige, wann hat er die gelernt?

EVA D.: Abends nach der Vorstellung. Er hat augenmäßig gelernt. Er hat gelesen und immer wieder gelesen und eingeteilt. Er hat auch oft an Augenkrankheiten gelitten. Zum Beispiel Regenbogenhautentzündung. Da habe ich alles vorlesen müssen, damit er lernen konnte.

SCHN.: Er hat visuell gelernt?

EVA D.: Ja, nicht wie so viele Schauspieler, die auf der Probe erst lernen. Er kam meistens mit gelerntem Text auf die Probe und hat dann ausgefeilt.

SCHN.: Nach seiner eigenen Aussage waren Beruf und Erlebnis eins. Wie äußerte sich diese Einstellung? Lebte er nur seinem Beruf? Auch in der Freizeit, auch in der Familie?

EVA D.: Ja, er lebte nur für seinen Beruf. Wenn er keine Rollen lernte, hat er gelesen, gelesen, gelesen, oder er arbeitete an einem Vortragsprogramm. Manchmal hat er uns auch abends, wenn er keine Vorstellung hatte, vorgelesen. Hat uns gefragt: »Kann man das so machen?« Und die Filme, da entsinne ich mich, wenn ein dickes Manuskript kam, sagte er immer: »Lies es dir durch, schau dir meine Rolle an und sage mir, ob es Sinn hat.« Ich habe gelernt, Kniffe zu machen, da ist die Rolle, lohnt sich das, oder lohnt es sich nicht. Dann hat er sich das angesehen und überlegt: Wie ist das mit der Zeit, kann ich das mit meinen Vorstellungen und Proben vereinbaren. Wenn ja, dann fuhr er mit dem 9-Uhr-Zug nach Berlin. Dort wurde er abgeholt und ins Atelier gefahren. Nachmittags wurde er wieder zum Zug gefahren. In Dresden angekommen, hat er abends wieder auf der Bühne gestanden. Am nächsten Morgen ging es dann wieder nach Berlin und zurück. Das war dann so eine Rolle, die in drei Tagen abgedreht war; sie richteten sich auch nach Pontos Zeit.

SCHN.: Aber das alles, was Sie erzählt haben, hat sich bereits auf der Wiener Straße abgespielt, wohin die Eltern 1924 gezogen sind.

EVA D.: Ja, Wiener Straße 31, im ersten Stock.

SCHN.: War das eine Vierzimmerwohnung?

EVA D.: Nein, das war eine ganze Etage. Später kam dann noch das Dachstübchen hinzu, wo die Anna schlief und dann die Nachfolgerin, die Gertrud, und als die dann nicht mehr da war, bin ich in das Oberstübchen gezogen. Und von diesem Stübchen aus sind mein Vater und ich dann aufs Dach geklettert, bei der Blitzableitergeschichte.

SCHN.: – nach dem Bombenangriff –

EVA D.: Ja.

SCHN.: In der Wiener Straße 31 wohnte auch Alice Verden, die im *Schneider Wibbel* usw. seine Partnerin war. Gehörte ihr das Haus?

EVA D.: Nein, das Grundstück gehörte der Hanna Scholz, der Adoptivmutter von Alice Verden. Die beiden wohnten hinten im Gartenhaus.

SCHN.: Ihrem Vater wird nachgesagt, dass er sehr zurückhaltend war. Gab es bei ihm so etwas wie einen Stammtisch?

EVA D.: Nein. Das Einzige war, dass er mal nach der Vorstellung mit Gielen oder Steinböck, die auf dem Wege wohnten, zusammen war. Manchmal kamen sie auch zum Abendbrot nach Hause. Aber das habe ich immer nur vom Bett aus erlebt. Meine große Liebe Felix saß nebenan, und ich konnte nicht dabei sein.

SCHN.: Sie haben für Felix Steinböck geschwärmt?

137

EVA D.: Und wie! Er hat mal geäußert: »Ein Jammer, dass ich 21 Jahre älter bin.«

SCHN.: Mit wem war Ponto in Dresden befreundet?

EVA D.: Ja, eigentlich nur mit Steinböck und Josef Gielen, später auch mit Peter Hamel. Und im Theater mit Hoffmann. Sie gaben sich immer gute Tipps. Wir hatten in diesem Sinne keinen Kreis. Da gab es noch den Dr. Chitz. Das war eine liebe Freundschaft. Aber die Besuche beschränkten sich auch auf einmal im Jahr, und dann kam die Gegeneinladung. Wenn sie bei uns waren, musste ich immer servieren, weil unsere dicke Anna schlecht mit den Tellern rum kam. Das war es eigentlich. Zu mehr war auch keine Zeit.

Schn.: Arthur Chitz musste 1933 das Theater verlassen, ebenso Jenny Schaffer –

EVA D.: Jenny Schaffer bzw. Bernstein habe ich mit meiner Mutter noch mal in Berlin besucht. Sie spielte dort im Jüdischen Theater.

SCHN.: Ponto ist nach 1933 mehrmals verhört worden. Wissen Sie, ob er irgendwelchen weiteren Behelligungen ausgesetzt war?

EVA D.: Ja, wir hatten mal eine Hausdurchsuchung. Da haben sie so ein paar Bücher rausgezogen, und da hat mein Vater gesagt: »Die brauche ich alle als Vortragsmaterial!« Da haben sie sie wieder ins Regal gestellt. Es ist nichts entnommen worden. Der Ponto muss doch Jude sein! Sie wollten ihm zu dieser Zeit irgendwas am Zeug flicken. Zur gleichen Zeit hat aber mein Onkel Franz die Familienpapiere zusammengetragen, um belegen zu können, dass wir keine Juden waren.

SCHN.: 1933 – nach der Gleichschaltung der Staatstheater – wurde Rudolf Schröder Schauspieldirektor. Er war zeitgleich mit Erich Ponto ins Ensemble gekommen –

EVA D.: Ja, sie waren Kollegen. Er war sehr lieb. Schröder ist benutzt worden von den Nazis. Wahrscheinlich widerwillig, aber er war zu weich, er konnte sich nicht wehren.

SCHN.: Hatte die Tatsache, dass Schröder ein alter Kollege

von Ponto war, Einfluss auf Pontos Beschäftigung, hat er schützend die Hand über ihn gehalten?

Eva D.: Das weiß ich nicht. Ich weiß nur, mein Vater hat sich auch früher immer schon abgekapselt. Dem fiel es nicht schwer, sich neutral zu verhalten. Und ich weiß, er kam immer, zog sein Buch aus der Tasche und brachte einen neuen Naziwitz mit nach Hause. Den erzählte er zum Mittagessen, und danach hat er ihn wieder gestrichen ...

KLAUS PONTO

(in einer Sendung 1964)

Wir lebten in Dresden, mein Vater war dort seit 1914 – und er war in einem Alter an die sächsische Hofbühne und in die wohl schönste deutsche Stadt gekommen, dass er dort, ich will mal sagen: ›anwachsen‹ konnte. Freilich, die Dresdner halfen ihm ordentlich dabei. Er war, wenn ich das sagen darf, ›ihr Ponto‹. Und er war es so sehr, dass er seine Maxime: »Sobald dich das Publikum mit dem Namen *unser* belegt, ist es Zeit, wegzugehen«, nie wahr machen konnte (...)

Mein Vater spielte gerne und recht gut Klavier – und liebte, wie überhaupt viele Schauspieler, die Musik sehr. Schumann, Beethoven, die Romantiker liebte er besonders.

Am schönsten war es, was freilich selten passierte, wenn er keine Vorstellung hatte und uns vorlas, Goethe etwa oder die heiteren Kostbarkeiten von Jean Paul. Er las aus einem fast süchtig zu nennenden Verlangen, und die meisten Stücke der häuslichen Lesungen tauchten

Sohn Klaus

139

dann in den Programmen seiner zahlreichen Vortragsabende wieder auf. Einige wollten wir immer wieder hören ...

Ich erinnere mich an einen Wintertag – ich glaube es war im dritten Kriegswinter –, da machte ich mit ihm unseren obligaten Sonntagsspaziergang; wir stapften durch den dichten Schnee, am Carola-See entlang, und dachten sehr wehmütig an die Fleischbrühe, die uns sonst – so in normalen Zeiten – im Café Polländer erwartet hätte.

Und da kam aus einem Seitenweg eine schmächtige Gestalt auf uns zu, das heißt sie war nur äußerlich schmächtig, denn da es ein Kohlenhändler war, war er in diesen Zeiten natürlich eher mächtig zu nennen. Er sagte gleich: »Wie schade, dass Sie nicht gekommen sind, lieber Ponto, es war so nett gestern – oder?« Dieses »oder« galt mir, und ich beeilte mich, zustimmend zu nicken, während mein Vater in milder Verständnislosigkeit sorgfältig artikulierend brummte: »Aber ich war doch da!« Darauf streckte er ihm die Hände entgegen, die er bisher in seiner typischen Haltung auf dem Rücken verschränkt hatte, und der Kohlenmann ergriff sie und war nun seinerseits verständnislos. Dazu muss ich Ihnen erklären, es war natürlich nett gewesen auf dieser ›Party‹, wie man heute sagen würde, die der ›Kohlenfürst‹ gegeben hatte, und mein Vater war auch wirklich da gewesen, nur hatte das keiner außer mir gemerkt, und ich wusste das ja auch nur, weil wir zusammen gekommen und gegangen waren.

Ja, das war so typisch für ihn. Er hatte etwas gegen alles Gesellschaftliche, dabei war er keineswegs immer ungesellig, aber in diesem Fall eben hatte er sich gleich nach unserer Ankunft in die Bibliothek zurückgezogen und mit einer Flasche Rotwein den Abend auf seine Weise hinter sich gebracht. Er mochte den Menschen, aber verabscheute die Ansammlung. Na ja, als Publikum war sie ihm natürlich lieb ...

An manchen Tagen – wohl wenn es ihm nach ›Hobby‹ zumute war – malte er zu Hause: Aquarelle von großer Zartheit, auch in Öl hat er sich versucht. Ich weiß nicht, wer es ihm je gezeigt hat. Es muss wohl in München gewesen sein, denn in Lübeck, bei der Mutter, blieb dazu wohl keine Zeit ...

Am 14. Dezember, an seinem 60. Geburtstag, musste ich zum Militär. Zuvor hatte er noch einen Rezitationsabend: »Die Novelle von Goethe«. Dann brachte er mich auf den abgedunkelten Bahnhof zum Zug.

Es war seine Gewohnheit, immer vor Antritt einer Reise die Quersumme der Lokomotivennummer auszurechnen. Er hatte das stets getan – war allerdings immer gefahren, auch wenn eine Unglückszahl herausgekommen war. Nun ging er vor zur Lokomotive des Wehrmachtszuges, und als er zurückkam, war er noch stiller als vorher. Schließlich gab er mir einen Kuss – der einzige, an den ich mich erinnern kann –, und ich beeilte mich, meinen Platz aufzusuchen. Er trat in das Dunkel des Bahnsteigs zurück, und ich fuhr mit sehr gemischten Gefühlen aus der Stadt, die ich nie mehr heil erblicken sollte ...

1947 war er Paul Hoffmann von Dresden nach Stuttgart gefolgt. Zunächst spielte er am Jungen Theater, und an seinen *Hauptmann von Köpenick* wird sich mancher noch erinnern. Es war die Zeit, in der das Theater über viele Nöte und Entbehrungen hinweghalf. Mit leerem Magen und in Mänteln saß das Publikum in den Vorstellungen und lernte mit Begeisterung Stücke kennen, die ihm die Diktatur bis dahin vorenthalten hatte. Es war aufregend, neu anzufangen. Publikum und Schauspieler empfanden es gleich beglückend. Die schwäbische Metropole hatte eine Reihe bedeutender Mimen angezogen. Am Staatstheater – in das Ponto bald hinüberwechselte – traf man Spitzenkräfte aus Berlin und Dresden (...) Es gab Aufführungen, die man nicht vergessen hat. Er fühlte sich wohl in dem Ensemble, und die Stuttgarter wussten sehr schnell, was sie an ihm und seinen Kollegen hatten. Ihrem Dank hat die Stadt später Ausdruck gegeben, indem sie einigen Straßen die Namen damaliger Schauspieler gab. In einer neuen Siedlung in Stuttgart-Vaihingen ist es von der Maria-Koppenhöfer- zur Albert-Florath-Straße, von der Theodor-Loos-Straße zum Erich-Ponto-Weg gewissermaßen nur ein paar Schritt.

Ich habe noch nichts über seine Rollen gesagt. Eigentlich hatte er keine Lieblingsrolle. Der Shylock, Michael Kramer und der Nathan, das waren freilich Gestalten aus seiner letzten Zeit, die er besonders liebte.

Kollegen erinnern sich

Edith Heerdegen

(in einem Gespräch mit Claus Peymann und Hermann Beil, September 1980)

HEERDEGEN: (...) als ich so siebzehn, sechzehn war, da hat sich das festgesetzt mit der Schauspielerei, da hab' ich gedacht, ich kann am meisten aus meinem Leben machen, am meisten herausschlagen, am meisten erleben, wenn ich Rollen spiele, lebe ... Da kann ich mehr erleben, als wenn ich mich ins Leben hinauswage.

BEIL: Haben da Theatererlebnisse in Dresden mitgewirkt?

HEERDEGEN: Eigentlich nicht. Ich habe in mein Tagebuch geschrieben: War gestern im *Tell*, am See hat es zweimal gedonnert. Ich hatte immer Angst vor Gewitter. Mehr habe ich da nicht verzeichnet. Na ja, dann bin ich halt so zwei Jahre vor dem Abitur ausgebrochen. Ich bin zu Erich Ponto gelaufen und hab' gesagt, ich will Schauspielerin werden, da hat er mir was aufgegeben. Es war ein Monolog der Viola und ein bisschen Franziska aus *Minna von Barnhelm*. Und dann sollte ich vier Wochen später wiederkommen, und da hat er gesagt, ja, das könnte ich mir schon denken. Aber weißt du, hat er gesagt, du bist viel zu klein. Dich hört man nicht einmal in der zweiten Reihe. Du solltest erstmal dein Abitur machen. Und meine Eltern waren also gottfroh, denn die wollten immer eine Lehrerin aus mir machen. Weil, wir hatten zu Hause schon einen freien Beruf und eh kein Geld. Na ja, dann habe ich Abitur gemacht, und vor dem Abitur – vier Wochen vorher – bin ich wieder zum Ponto und habe gesagt, jetzt will ich's wissen. Kann ich's, kann ich Schauspielerin werden? Und dann hat er mich wieder so ein bissel was aufsagen lassen ... und dann hat er gesagt: »Ja, ja, ich rate zu.« Dann habe ich gesagt: »Natürlich bei Ihnen.« Und er: »Ich geb' gar keinen Unterricht mehr.« Früher hatte Ponto viele Schüler gehabt. Übrigens

142

sind sie alle nichts geworden außer Viktor de Kowa. Weil das alles so Nachahmer von ihm waren. Und dann hab ich gesagt: »Ich will aber nur bei Ihnen!« Und dann hat er gesagt: »Na ja, gut, bis zu den Ferien.« Und dann hab' ich mein Abitur gemacht und wurde seine Schülerin. Und dabei blieb's dann.

PEYMANN: Sag mal, hast du den Ponto auf der Bühne gesehen damals?

HEERDEGEN: Ja.

PEYMANN: Und was hat er gespielt?

HEERDEGEN: Mephisto, Richard III. Bei Richard II. war ich dann schon mit zugange. Da hab' ich einen Prinzen gespielt. Wir haben uns so schön verraten, weil da schon etwas zwischen uns war. Auf der Probe fiel mir der kleine Dolch aus der Hand, und er hat sich ganz eilfertig gebückt und ihn mir überreicht. Da haben natürlich so Leute wie die Alice Verden solche Ohren gekriegt und gedacht, na, da kann was nicht stimmen. Na ja. Der Ponto hat das ja ganz einfach gehandhabt, diesen Unterricht. Ich hab' ein Vierteljahr Unterricht gehabt. Sehr realistisch. In seinem Zimmer war so ein Lieschen am Brunnen, weiß ich noch, und ein Klaviersessel. Er hat mich nie in Emotionen reingelassen, da hat er mich immer gleich wieder runtergeholt. Bei Luise, wie die ohnmächtig wird, da hat er gesagt: »Na ja, wenn du so aus dem Flugzeug fällst.« Er war ein Feind aller Sentimentalität.

PEYMANN: Und von Hause gab's dann keine Schwierigkeiten mehr?

HEERDEGEN: Da dann nicht mehr. Der Ponto hatte einen zu guten Namen. Nach drei Monaten hat er gesagt, so und jetzt kommst mit, du musst das Theater mal von innen kennen lernen. Das ist jetzt eigentlich erledigt, was ich dir ›sagen‹ kann. Und dann hat er mich Statisterie machen lassen. Im *Tell* Volk. Da wurden wir eingeteilt. Schöne Busen rechts, Hofdamen. Mickrige Busen links, das war ich, Volk. Und dann hab' ich die Garderobiere gefragt. Im dritten Stock wurde Statisterie angezogen, da hab' ich die Tante dann gefragt, die mich angezogen hat, ist je aus irgendjemandem was geworden, der hier oben angefangen hat? Da hat sie gesagt: »Nee, nie.«

BEIL: Sie sind dann in ein anderes Stockwerk gegangen?

HEERDEGEN: Ja. Ich hab' in Dresden erst ein Jahr Statisterie gemacht und so Winzigrollen, und dann kriegte ich einen Vertrag über ein Jahr. Einen Elevenvertrag. 100 DM Gage, spielte aber fast weniger als vorher. Die wollten mir halt etwas zugute tun, weil sie gesagt haben, na, diesem bleichsüchtigen Menschenkind muss man was Gutes antun.

BEIL: Wer war der Intendant?

HEERDEGEN: Da war gerade die Machtergreifung. Dreiunddreißig bin ich zum Theater gegangen. Da war gerade so die Ablösung (...) Der Mann, der das dann machte, hieß Schröder. War ein freundlicher Mensch.

PEYMANN: Der wurde von den Nazis eingesetzt?

HEERDEGEN: Ja.

Peymann: Hast du Beobachtungen machen können, wie sich an einem solchen Theater das veränderte? Dresden war ja ein großes Theater.

HEERDEGEN: Na ja, ich kriegte mit, dass bei Ponto, den hat man immer für einen Juden gehalten, Hausdurchsuchungen gemacht wurden. Da hat man dann so ein paar Kollwitz-Zeichnungen mitgenommen ...

PEYMANN: Aber er konnte weiter arbeiten?

HEERDEGEN: Ja, er war weiter engagiert. Andere mussten gehen (...)

BEIL: Wie lange waren Sie in Dresden?

HEERDEGEN: Zwei Jahre.

PEYMANN: Und was hast du gespielt?

HEERDEGEN: Ach Gott, das Sterntalerkind im Weihnachtsmärchen und diesen Prinzen im *Richard* und in *Kater Lampe* irgendeines von den Kindern, die da rumhopsten und ein paar Sätze hatten. Und in dieser Zeit hat mir dann ein anderer Kollege ein Engagement besorgt – so ein Gastspiel – in München ... Und danach hat mir

der Paul Hoffmann mein eigentlich erstes Engagement besorgt, der hat mich empfohlen ans Wander-
theater nach Frankfurt. FKT hieß das, Frankfurter
Künstlertheater.

URSULA HERKING

(1973)

Als ich aus der Türkei zurückkam, fand im Berliner Gloria-Pa-
last eine wichtige Premiere statt. Nach den vielen Kurzfilmen
hatte ich endlich Rollen in ›richtigen‹ Filmen bekommen: die
erste für mich wesentliche 1938 in einem Film, der »Die vier
Gesellen« hieß. Vier Mädchen hatten beschlossen, Junggesel-
linnen zu bleiben. Und wie es das Drehbuch und das Schicksal
so wollen, ziehen drei zum Schluß hoch glücklich und tief er-
rötend zum Traualtar. Nur ich blieb ›ohne‹.

Meine Partnerinnen waren Ingrid Bergman, die Carl Froelich, ein damals sehr bekannter Filmproduzent und Regisseur,
aus Schweden geholt hatte, noch ehe sie nach Amerika ging.
Carsta Löck und Sabine Peters.

Von den Männern hätte ich Hans Söhnker am liebsten ›gehabt‹, aber laut Drehbuch bekam ihn Ingrid Bergman ... Zeus-
vater, Prachtstück und Mannskoloß war in diesem Film, stets
raunzend, Leo Slezak ... mit welcher Leichtigkeit und Zartheit
ging er mit dem Text um! Wie er, in seinem ganzen Wesen, im-
posante Massigkeit mit Feingefühl und Behutsamkeit zu verei-
nen wußte – das faszinierte nicht nur mich.

Von einer ganz anderen Art von Charme hat Gustaf Gründgens einmal in einem Chanson gesungen, ohne dabei an Erich
Ponto gedacht zu haben: »Unser stiller Charme ist nicht für
Alarm.« Den hatte nämlich Ponto. Klein, zierlich, präzise, ohne
trocken und blutleer zu sein, eher für sich allein, eher abseits
stehend, ohne arrogant zu sein, ganz ›unschauspielerisch‹ –
und doch, was für ein Schauspieler! Die Szene, in der er, leise
und akkurat, mit sparsamen Bewegungen, Carsta Löck seine
kleine, rührende Liebeserklärung macht, habe ich nie verges-

sen. Bei ihm habe ich auch später immer wieder ganz deutlich gespürt, welch abgrundtiefer Unterschied zwischen Sentimentalität, in die man so gern und leicht hineinrutscht, und wirklichem, echtem Gefühl besteht, das sich keineswegs laut oder stürmisch auszudrücken braucht. Er hatte es, und er konnte es ausdrücken.

HEINZ RÜHMANN

(1982)

Unter der heutigen Post war der dicke Brief einer alten Dame aus Offenbach am Main. Sie möchte mir eine Freude machen, schrieb sie, und schicke mir viele Künstlerpostkarten mit Autogrammen, die ihr Mann fleißig gesammelt hatte. Nun sei er nicht mehr, und sie müsse sich von vielem trennen, da sie in ein Altenheim ziehe (...)

Eine Bildkarte ist darunter, die ich seit langem gesucht habe, weil sie mir in den Kriegswirren verlorenging: Erich Ponto aus dem Film »Kleider machen Leute« nach der Novelle von Gottfried Keller.

Wir beide sitzen in einem hohlen Baumstumpf, er – märchenhaft angezogen mit kleinem Hütchen und Feder – in der Rolle eines Puppenspielers, eine winzige Figur über die Hand gezogen. Dieses Foto wirkt noch heute wie aus einer anderen Welt. Der Film wurde während des Krieges auf dem Studiogelände in Prag gedreht, der ganze Ort Goldach war aufgebaut, alles tief verschneit, mitten im Sommer, jedes Requisit mit Liebe ausgesucht, ein Film wie aus einem Guß! Helmut Käutner hat ihn inszeniert.

Ich schaute das Bild lange an.

Erich Ponto mit dem gescheiten, gütigen Gesicht des weisen Puppenspielers, der mir – beziehungsweise dem Schneider Wenzel – den Weg in die Zukunft weist. Er ist mein Vorbild und wird es bleiben!

Er war oft – und dafür bin ich den Theatergöttern dankbar – mein Partner, und nicht selten vergaß ich weiterzuspielen, weil ich davon fasziniert war, wie er es machte. Er ›machte‹ nämlich gar nichts. Es war unnachahmlich. Geringe Klangfärbungen schufen den Charakter, sein Gang, seine Körperhaltung änderten sich.

Er spielte auch in Filmen, die ich inszenierte, und dabei erlebte ich den hohen Grad unserer Übereinstimmung: Ich brauchte nur in eine bestimmte Richtung zu *denken*, und schon setzte es sich in ihm darstellerisch um.

Ich habe von diesem genialen Schauspieler gelernt. Da wir beide lieber schwiegen als redeten, haben wir keine großen Worte gewechselt. Aber er hat wohl gefühlt, wie ich ihn mochte und verehrte. Und er hat es still und gelassen mit seinem nur ihm eigenen Lächeln in den Augen zur Kenntnis genommen.

Viktor de Kowa

(1955)

(...) Aber bestimmend für meine Entwicklung war mein Lehrer Erich Ponto.

Als er einige Tage vor seinem 60. Geburtstag bei mir saß, las er uns sein neuestes Vortragsprogramm vor. Die klugen Augen hinter der großen Brille, saß er, klein, mit sparsamen graziösen Bewegungen seiner Hände und spann uns ein in den Zauber seiner Kunst. Unauffällig und zart, leise, verschmitzt oft, manchmal auch von ironischer Gefährlichkeit und nicht ohne kauzige Hintergründigkeit, sprach er genau so wie oft auf der Bühne und im Film. Immer schon hatte er den größten Ruhm des unauffälligen Künstlers, weil er die künstlerische Dankbarkeit auch der kleinsten Nebenrolle liebte. Wie oft sah ich ihn während meiner ersten Engagementszeit am Dresdner Staatstheater gestern als Shylock und heute als Schmock in den »Journalisten« und morgen als Mephisto. Oft war sein zarter Körper krank und elend, und an zwei Stöcken kam er ins Theater bis in die Kulisse, um dann gestrafft und federnd als Puck im »Sommernachtstraum« tanzend über die Bühne zu fegen. Seine Energie und sein Glaube überwanden seine Stöcke. Ich bin ihm dankbar als sein Schüler für die vielen begnadeten Jahre, in denen ich ihn als Vorbild bewundert und bestaunt und in denen ich ihn lieb gewann wie meinen väterlichen Freund. Nicht nur, weil er mich lehrte, wie man richtig spricht und atmet, nicht nur, weil er mir die Demut, die Achtung und den Respekt vor Kunst und Künstlern beibrachte, sondern weil er mir vorlebte mit der Genialität seiner Einfachheit, daß alles Gestalten vom Seelischen ausgehen muß.

O. E. Hasse
(1964)

Er wird nicht zu ersetzen sein. Ich meine, kein großer Schauspieler in seiner Art, auch in jenem seltsamen – wie soll man's nennen – Zwischenfach, das vom großen Charakterspieler bis zum Komiker, bis zum, wenn Sie wollen, Chargenspieler ging; dieses seltsam begrenzte Feld, das andere ja nicht haben, die viel klarer begrenzt sind als er. Das ist schon so unverwechselbar, das ist schon so unnachahmlich, dass es ihn schon zeichnet und als schauspielerische Persönlichkeit formt.

Walter Erich Schäfer
(1975)

Dieser echte und wesentliche Schauspieler hatte eine eigenartige Probenmethode entwickelt: Angenommen, ein Stück hatte drei Akte. Dann arbeitete er bei der ersten Probe den ersten ›mit Talent‹, wie man beim Theater sagt, das heißt mit vollem Einsatz. Die beiden anderen Akte über schaltete er auf seinen berühmten Orgelton um, bei dem er sich nichts dachte und der ihn auch nicht anstrengte. »Zehn Stunden könnte ich so probieren«, sagte er. Am nächsten Tag kam der zweite Akt dran, daneben liefen eins und drei ›auf Orgel‹. Am dritten Tag der 3.

Akt ›mit Talent‹ und eins und zwei ohne Nachdenken. Dann war das Stück fertig, und erst bei der Hauptprobe konnte man's erleben, daß er alles ›mit Talent‹ machte – und mit welchem Talent! Niemand, der ihn gehört hat, wird diesen Nathan vergessen. Ich habe viele Nathane gehört – mittelmäßige, gute und sehr gute, wie Ernst Deutsch. Allen war Ponto voraus mit dem unversieglichen Humor. Nach der berühmten Ringerzählung kam der Vers »Und bei dem andern bleibt es doch auch?« ganz und gar heiter, ganz und gar pseudo-geschäftig, mit Augen, die in kleinen Fältchen versanken. Als er die Ringerzählung in der Hauptprobe sprach, waren alle, die da waren, auch die ältesten Routiniers des Theaters, tief bewegt. Und bei der Generalprobe war das Haus gefüllt wie bei einer Aufführung. Nicht nur sein Nathan ist unvergeßlich. Man sieht ihn noch heute im »Regenmacher« in der Küche sitzen, von Dämpfen aus allen Töpfen umwallt wie eine männliche Pythia, mit skeptisch vorgeschobener Unterlippe (...) Oder sein wortloser Arbeiter in »Des Teufels General«, sein Narr in »Was Ihr wollt« – nichts ist verblichen, als ob es gestern gewesen (...) Noch etwas wäre über E. P. zu sagen: Er war von einer unglaublichen Zuverlässigkeit. Er lehnte eine Filmrolle ab, um den Melvil in »Maria Stuart« zu spielen, den er zugesagt hatte. Einmal in den zehn Jahren, die ich ihn kannte, war er ohne Urlaub weggefahren, nach München. Und ausgerechnet an diesem Tag wurde der Spielplan geändert, und er hatte zu spielen. Durch einen Zufall und um fünf Ecken herum erfuhren wir, wo er sei. Wir riefen ihn an. Er raste mit rauchendem Auto nach Stuttgart und kam noch gerade recht zu seinem Auftritt. Anderentags klopft es an meine Tür. Herein kommt E. P., geht bis zur Mitte des Zimmers vor, schaut mich böse und empört von unten herauf an, sagt: »Wollte mich nur entschuldigen.« Macht kehrt und geht wieder zur Tür hinaus. Dieses Wort habe ich 15 Jahre lang nicht mehr gehört.

Paul Hoffmann

(in einem Gespräch 1964)

HOFFMANN: Sie werden sich denken können, dass wir in den
dreißig Jahren tausende Male miteinander auf der
Bühne gestanden haben, in großen Rollen, in kleinen
Rollen, er als mein Diener, ich als sein Angestellter.
Bei Nestroy war ich sein Diener, und er war bei Grab-
be in *Don Juan und Faust* zum Beispiel mein Leporello. So wechselte das hin und her.

Frage: Sie haben einen sehr engen Kontakt zu ihm gehabt;
es war ja schwer, zu Ponto einen Kontakt zu bekommen?

HOFFMANN: Seine Zuneigung, seine Freundschaft zeigte sich
in kleinen Gesten, in einem kurzen Besuch in der Garderobe nach einer Generalprobe, wenn er kam und
sachte einem auf die Schulter schlug und sagte: »Du,
das wird ganz gut, was du da machst.« Das war ein un-
geheurer Applaus, aber weil er so sparsam war, wusste man genau, wie es gemeint war, wenn er so etwas
sagte. Dem Theater war er voll und ganz zugetan. Ja,
das war ein hundertprozentiger Theatermann, und er
hat für das Theater auch viele finanzielle Opfer gebracht, indem er auf manche Sache verzichtet hat.
Wenn das Theater es von ihm verlangte, sagte er
einen Film ab, das war ihm dann gleichgültig. Er
sagte: »Nein, ich bin in erster Linie Schauspieler, und
einen Film kann ich immer noch einmal machen, das
will ich jetzt nicht zerstören.«

Frage: Und von Regisseuren hat er sich wohl auch nicht
immer alles sagen lassen?

HOFFMANN: Ja, er verwendete das, was er glaubte, was für ihn
gut war, und was ihm nicht passte, das hat er nicht
gemacht, und dann konnte man sich auf den Kopf
stellen, er hat's einfach nicht getan. Er sagte immer:
jawohl, sehr gut, aber dann hat er's doch nicht gemacht. Es gibt ja die nette Anekdote von ihm, wie er
einem Regisseur, der ihm sagte, es gefiele ihm nicht,

150

er würde das lieber anders machen, dem er dann ge-
antwortet hat: Ja, *Sie*!

Frage: Wie probierte er? Hatte er eine bestimmte Methode?

HOFFMANN: Seine Methode der Ökonomie, dass er auf einer
Probe plötzlich eine Szene anfasste, die dann zehn,
vierzehn Tage überhaupt nicht mehr drankam bei
ihm, die wurde weggeschmissen, weil er wusste, dass
er seinem etwas zarten Körper nicht täglich die ganze
Rolle abverlangen konnte. Nach drei Tagen kam eine
andere Szene, und je näher es zur Aufführung kam,
raffte er die Szenen alle wieder zusammen, und am
Abend hatte er immer noch – also nach der Generalprobe – noch einen Pfiff mehr, noch irgendeinen besonderen Druck auf eine Rolle legen können, und das
war also sein großes Geheimnis, dass man nicht wusste, war die Generalprobe nun schon alles, oder kommt
da noch mehr, es kam fast immer am Abend noch
etwas mehr.

Das ist eigentlich gerade das Große. Er hat auch ge-
wusst, mit seinen Kräften umzugehen, um am Abend
dann hundertprozentig da zu sein, das gehört ja auch
zur Kunst. Er hatte natürlich an sich das Glück, dass
er nicht in das Zeitalter des Regietheaters kam, sondern dass er eben in der Zeit des Schauspielertheaters
gelebt hat und der Schauspieler wichtiger war oder
zumindest gleichberechtigt neben dem Regisseur
stand, was ja heute nicht immer ist (...)

Frage: Können Sie etwas erzählen, wie die Dresdner zu Ponto
standen?

HOFFMANN: Wie soll ich sagen, die Sympathie einer Stadt, wie
äußert sie sich? In Popularität, in Beifall, in Szenen-
applaus, in Anerkennung auch der kleinsten Rollen,
die er spielt. Ich erinnere mich an ein Stück, das hieß
Dover – Calais, eine Geschichte von einer Kanal-
schwimmerin, die also aufgefischt wurde und in ein
Schiff gebracht wurde, und ein kleiner Koch kam aus
der Kombüse und las ihr das Menü vor. Dem Koch
merkte man an, dass er überhaupt keinen Appetit

Verwandlung in eine
Rolle:

Noch ein Blick ins
Textbuch – dann
dominiert die Schminke –
letzter Schliff an der
Maske – unverhoffter
Besuch in der Garderobe
(Viktor de Kowa) –
der Wirt in *Minna von
Barnhelm* im Spiegel-
Zwiegespräch mit Tochter
Eva – zurück ins
zivile Leben

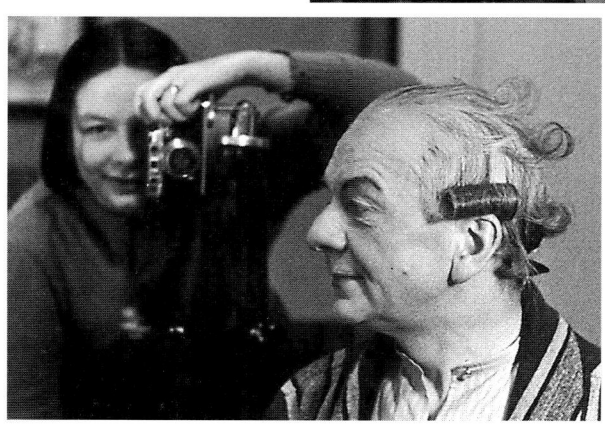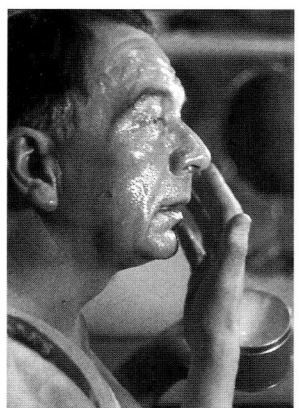

hatte. Das ist ein Mann, der immer kocht und so, ein griesgrämiges Gesicht, verfallen und müde, und er las mit äußerstem Widerwillen die größten Delikatessen vor. Und eine solche Rolle wurde in Dresden – Ponto spielte sie also (das war ein ›Einminutenbrenner‹, wie man sagt) – wurde mit stürmischem Applaus begrüßt. Man unterschied nicht, ob es eine große oder eine kleine Rolle war, wenn er sie spielte, war es eine Hauptrolle. Und ich habe ihn mal gefragt, wie machst du das, dass du auch in der kleinen Rolle präsent bist. Das sind zwei Voraussetzungen, die eine ist technischer Natur, man muss technisch gut sein wie die Protagonisten, und die zweite ist, dass ich mir bei einem Auftritt sage, so und jetzt komme ich, und jetzt fängt das Stück an.

Frage: Und wie war das nun nach einer Vorstellung, wenn er das Gefühl haben musste, das war gut – heute Abend?

HOFFMANN: Das merkte man ihm nicht an, er hatte nur das Gefühl des Ausatmens, aber dass er irgendwelchen Aufwand von dem gemacht hätte, was er geleistet hat, also das war nicht der Fall. Er hat nie von sich und der Leistung heute Abend gesprochen, nach einer Vorstellung.

GERD FRÖBE

(1988)

Eines Tages ließ er (der Generalintendant) mich rufen, um mir zu eröffnen: »Sie haben den ›Sächsischen Kunstpreis‹ bekommen, und nun sollen Sie auch einen richtigen echten Staatstheater-Auftrag erhalten, an dem Sie ordentlich verdienen. Zeichnen Sie für das Programmheft Erich Ponto als Grumio in ›Der Widerspenstigen Zähmung‹, und für mich malen Sie meinen Freund in Öl anhand der Skizzen fürs Programm. Als Honorar für beides zahle ich Ihnen, na sagen wir 3000 Mark.

Ich dachte, Weihnachten, Ostern und Pfingsten fielen auf

einen Tag. Noch am selben Abend besuchte ich E. P. in der Garderobe und stellte mich mit meinem Auftrag vor. Gut eine Woche lang ging ich nun jeden Abend zu ihm in die Garderobe und zeichnete Details. E. P. beim Maskemachen, Skizzen seiner Hände, Studien über Kopfhaltung und Haaransatz – alles Vorarbeiten, die zu den Schularbeiten eines Porträtisten gehörten. Die ersten Male beachtete er mich kaum. Doch eines Abends, ich war bis zur großen Pause in seiner Garderobe geblieben, sah er sich meine Entwürfe sehr genau, sehr kritisch an. Jetzt war schon zu erkennen, wie hier aus vielen Einzelheiten ein Bild – sein Bild – entstand. Unvermittelt sagte er mit seiner sonoren, wohlklingenden Stimme: »Kommen Sie doch am Sonntag zum Essen, Sonntag mittag – ich möchte Ihnen gern mal meine Bilder zeigen.« Und fast verlegen fügte er hinzu: »Ich hab nämlich früher auch gemalt.« Nicht die Stunden, die Minuten habe ich bis zu diesem Sonntag mittag gezählt. Ich sagte mir, wenn Ponto als Schauspieler mir zeigen will, was er gemalt hat, dann könnte ich als Maler ihn doch bitten, meine schauspielerische Begabung zu prüfen. Ich wußte auch schon, was ich vorsprechen würde. Den Mephisto, denn den hatte er gerade in dieser Spielzeit in Dresden gespielt.

Der heißersehnte Sonntag kam, ich machte mich zu Pontos auf. Seine Frau hatte gut und reichlich gekocht. Nach dem Kompott ging er mit mir in sein Arbeitszimmer und zeigte mir seine Bilder. Schöne, ausgewogene Landschaftsaquarelle in zarten Tönen. Jetzt oder nie, sagte ich mir und überfiel ihn mit der völlig unlogischen Feststellung: »Herr Ponto, Sie sind Schauspieler und haben gemalt, und ich bin Maler und würde so gerne Schauspieler werden. Darf ich Ihnen etwas vorsprechen?« Ziemlich entgeistert sah er mich an. Aber er fragte, was ich erhofft hatte: »Können Sie mir denn etwas vorsprechen?«

Später hat er mir gestanden, daß er richtig erschrocken war, wie blitzschnell ich in Positur sprang und tief Luft holte. Kaum hatte er es sich in seinem Sessel bequem gemacht, da legte ich auch schon mit einem so unglaublichen Pathos los, daß die Nippesfiguren klirrten:

»Ich bin der Geist, der stets verneint! Und das mit Recht; denn alles, was entsteht, ist wert, daß es zu Grunde geht ...«

Weiter kam ich nicht. Ponto rief: »Hören Sie auf, hören Sie auf. Sie sind ein Komiker! Mephisto ist doch kein Sachse!«

Ich war erledigt, am Boden zerstört. Man hatte uns doch hoch und heilig in Zwickau am Gymnasium versprochen, wir würden ein einwandfreies Hochdeutsch lernen. Alles, was ich mir von dieser Talentprobe versprochen hatte, war mit Pontos Bemerkung wie eine Seifenblase zerplatzt. Ich verabschiedete mich mit so viel Haltung, wie ich gerade noch aufbringen konnte. Und was hörte ich da von E. P.? So nebenbei, wie es eben nur er konnte, sagte er: »Wenn Sie wollen, können wir nächste Woche mit dem Unterricht beginnen!« Und er meinte nicht mit Mal-, nein mit Schauspielunterricht.

Aquarelle von Erich Ponto

Aus eigener Feder
(Gedichte zu verschiedenen Anlässen)

BIOGRAPHIE

Geboren, wo? – Im kühlen Norden.
Im heitern Süden Mensch geworden.
Erst Pillendreher, dann Komödiant.
an der Donau, am Harz, an der Neiße.
in Böhmen, am Rhein, an der Elbe Strand,
an der Spree und sogar an der Pleisse.
Mal unten und mal oben auf.
Das ist – bis jetzt – mein Lebenslauf.

MEIN TRAUM

Ich wollt, ich wär ein Clown
Dann stünd ich vor dem bunten Zelt
Von Ohr zu Ohr geschminkt den Mund
Und täte auf die Trommel haun
Und reiste durch die ganze Welt
Mit meinem weißen Pudelhund.

Vielleicht dressier' ich auch ein Schwein
Dem baumelt' am gewaschnen Kringel
Ping! eine zarte Silberklingel
Das lief ins Publikum hinein
Und suchte hinter jedem Bein
Mit schnüffeln
Nach Trüffeln.

Ich trüge einen grünen Frack
Und einen roten Chapeau-claque
Was sonst noch alles würde sein

157

Fällt mir natürlich jetzt nicht ein,
Doch furchtbar komisch müßt' es sein,
Und alle Leute groß und klein,
Die lachten schallend über mich
Und unter jedem Himmelsstrich
In Ost und West
In Süd und Nord
In Oslo und in Friedrichsroda
Auf Java und in Kötzschenbroda.

Ich sagte nicht ein einzig Wort
Ich brauchte nur hinauszugehn
Und alle würden mich verstehn. –
O schöner, schon entschwundner Traum
Ich kann nicht mal 'nen Purzelbaum.

Einmal nach Jahren wirst du zu mir kommen.
Bring Krumen mit, den Vögeln hinzustreun.
Und eh des Tages letzte Glut verglommen,
Lies meinen Namen vom besonnten Stein.
Das höre ich in meiner Birke Krone,
Wo ich seit unsrer Nacht, der letzten, wohne.

Dann fällt ein Blatt vor deine kleinen Füße,
Darin schon Blut aus meinem Leibe grünt.
Das birgst du wohl in deiner Brüste Süße
Und wendest dich – und alles ist gesühnt.

(1938)

MÜNCHEN

Ich gehe wieder weiß besonnte Wege
Der blauen Stadt, die mich ins Leben führte;
Und jeder Schritt macht die Erinnrung rege,
Wie mich der Freiheit Flügelschlag berührte.

Ein Menschenalter rann ins Meer der Jahre,
Was Gott gewährte ist unsagbar viel.
Doch schau ich auf die ersten Silberhaare,
Frag ich mich heut: bin ich denn schon am Ziel?

Das Herz sagt Nein. – So will ich's auch nicht glauben.
Herr! treibe mich und laß mich nicht in Ruh.
Häng sie nur hoch, die süßeste der Trauben.
Ich will! Und noch dem hellsten Sterne zu.

(1940)

Jeden Abend blinkt des Mondes Streifen
Etwas später. Aber rund und runder
Blüht das Wunder
Seines Kelches. Und sein Licht,
Wie sich's mählich weitet,
Es verspricht
Nächtlich mehr. Bis seiner reifen
Frucht geschloßner Kreis
Silberweiß
Über Föhren sich im Flusse spiegelt,
Leis mein Kahn an einen Steg hingleitet
Und sich eine langverschloßne Tür entriegelt.

(Mai 1942)

Man sollte mehr auf Bäumen wohnen,
Windwiege laubumhülllter Kronen,
In sich beruhigt und geründet,
Dem Grunde wie dem Blau verbündet,
Ein Echo der geringsten Regung
In allharmonischer Bewegung.

So würde ich an dieser Erden,
Eh daß sie ganz in sich zerfällt,
Erinnerungsreich Beschauer sein;
In einer Buche grünem Zelt
Den kargen Rest, der mir geblieben
An Sehnen, Hoffen, Fürchten, Lieben
Dem kleinsten zarten Blatte weihn;
Und wenn auch dieses mich verläßt,
Im Herbste, tief in das Geäst
Verflochten, mit zum Zweige werden.

Dann quöll im Lenz aus jedem Triebe
Verjüngt und reicher meine Liebe
Und strömte Allen in den Raum
Aus meinem Baum.

(1943)

Wie Wäsche auf der Bleiche
In Fetzen liegt der weiche
Schnee auf dem Wiesenplan,
Auf blätterdünnem Eise
Krächzen zwei Krähengreise
Sich gegenseitig an.

In kirchendunkler Schneise
Huscht eine flinke Meise
Blauschwarz von Baum zu Baum.
Der Schnecke und dem Igel

Entwachsen Wanderflügel
In ihrem Wintertraum.

Und leise geht ein Raunen,
Aufatmen und Erstaunen
Durch den verschlafnen Wald.
Es sind die alten Lieder
Von Anemon und Flieder. –
O, Frühling, komme bald!
(1944)

Ich stand am Tor und sah den langen Zug
dem Tod Entronnener vorüberwandern
müd, ohne Hoffnung, längs der Heimat Gärten,
im dumpfen Gleichschritt, einer hinterm andern.

Da hör ich plötzlich meines Namens Laut
und eine Mütze winkt aus all dem Grauen
und zweimal noch sucht eine helle Stirn
nach mir Umfriedeten zurückzuschauen.

In stummem Schrecken klebte mir die Zunge
und mich durchfuhr's, als riefe mich mein Junge.
(1944)

Ich möchte wiederum im Sternenlicht durch Felder
    gehn,
den Wagen und die Kassiopeia sehn
im Nachttau kühlen mein Gesicht.
Die Venus neigt sich wohl zum Horizont,
die Amsel schweigt und leise kommt der Mond.

Noch aber schleiche ich durch tote Straßen
mit blinden Fenstern über Schutt und Splitter,
Kamine ragen nackt wie Stengelvasen,
vorm Himmel steil Gebälk sein schwarzes Gitter.

Doch plötzlich ist mein Auge festgebannt:
vor einer grauen, aufgeriss'nen Wand
streut wieder weiß und rot ein Apfelbaum
sein junges Blühen in den alten Raum
und eines frühen Falters Flügelschlag
entführt die Seele in den blauen Tag.

(1945)

Eine Riesenwunderblume
hängt der rötlichgelbe Mond
in der schlafenden Akazie,
von Zikaden fromm bewohnt.

Durch der Pappel lichten Scheitel
schwingt sich sanft sein Himmelsweg.
Dann versilbert er den Garten,
seinen Teich und jeden Steg.

Mit ihm wandert, uns zur Freude,
treu der liebe Abendstern.
Friedevolle Augenweide. – –
Dumpfes Grollen in der Fern.

Was er sieht, muß er verschweigen,
ist der Liebe nur geweiht.
Und wir müssen blind uns beugen
grauenvoller Wartezeit.

(25. 4. 1945)

162

Im Finstern knarren meine Tritte
vom Fenster zum Ofen durch Zimmers Mitte
und immer wieder zum Fenster zurück.
Und jedesmal sucht der hoffende Blick
nach einem Schimmer im grauen Brei,
wo denn der Mond nur heute sei.
Gestern war er so voll und schön
in seinem reinen Glanz zu sehn.
Und wieder durchs Dunkle tastet die Hand.
Flog nicht am Morgen aus fernem Land
ein Wort vorüber, das klang wie Frieden?

Schwarz drohn der Pappeln Pyramiden.
                              (28. 4. 1945)

(8. 5. 1945)
Nun kam der Friede. – Und wie sieht er aus?
Kein Heim, kein Brot, kein Schlaf in fremdem Haus.

ERICH PONTO GIBT AUSKUNFT
(1945)

Wenn ich durch Dresdens Straßen geh
zur Stätte alter Wirksamkeit
und rechts und links auf Trümmer seh,
da grüßen mich oft fremde Leut
und lächeln: »Nu – was denn für Not?
Der Bondo is ja garnich dot!
Was is d'nn nu? Is alles aus?
's wär jammerschade. Schon mei Vader
war Abbonnend im Schauspielhaus.
Was wird d'nn nu mit dem Dheader?«
Da steh ich dann verlegen da
und sag zu jedem Seufzer: Ja. –
Es fragen auch die neuen Herrn:
»Warum spielt ihr uns noch nichts vor?

Wir helfen euch. Wir helfen gern.
Drum öffnet bald der Musen Tor.«

Tja – was wir wünschen, planen, hoffen? –
Auf Gräbern, die noch schmerzlich offen,
wo Traditionen uns verpflichten,
ein neu Gebäude zu errichten. –
Die Arbeit ist in vollem Gang.
Und wollt Ihr uns darin nicht stören,
so dauert es auch garnicht lang
Und Ihr könnt wieder von uns hören.
Ein Gramm Geduld und viel Vertrauen:
wir spielen und Ihr – werdet schauen. –

Ansonsten: »Bilde, rede nicht.«
Und darum endet dies Gedicht.

PONTO ANFANG NOVEMBER 1945
AN DAS PERSONAL

Wir müssen sparen. Auch Zeit ist knapp.
Seht von der Amtsbezeichnung ab.
›Generalintendant‹ ist ein langes Wort;
und lasst Ihr den ›Intendanten‹ fort,
dann seh ich mich mit rotem Kragen
und müsste immer ›Rührt euch‹ sagen.
Drum »tut nicht mehr in Worten kramen«
und nennt das Kind beim rechten Namen.
                              Ponto.

In der weißen Morgenstunde
friert der Hauch vor'm starren Munde.
Halbgewärmter Mittagskohl.
O, wie wohl!
Nachmittags in finst'rer Stille

sägt sich durchs Gehirn die Grille.
Abends auf gefror'nem Seil
hält verbrauchte Kunst sich feil.

In der Nacht schlingt Arm um Arm,
Beine werden langsam warm,
wenn das Ich im Du vergißt,
was mal war, was kommt, was ist,
um im Traum vereint zu schweben
dorthin, wo noch Menschen leben.

(22. 1. 1947)

Einem hochzuverehrenden Publikum.

Ihr seid gekommen, um zu lachen.
Verlaßt euch drauf, das wer'n wir machen.

Ihr schaut durchs Glas in eine Welt
wie sie der Schrank euch hingestellt.
Jedoch wer schärfer guckt hinein,
dem kann das Glas ein Spiegel sein;
und wer ein bißchen heller hört
beim Raube der Sabinerinnen,
fühlt auch vielleicht sich aufgestört
durch einen Schuß von Selbstbesinnen.

Wenn ihr nur unbefangen kommt,
nehmt mit, was euch erfreut und frommt
Uns laßt ein heit'res Haus gewinnen;
daß auch die Kasse günstig schließe.
Dann lach auch ich.

Emanuel Striese.

165

Filme vor und nach 1945

(Auswahl)

Der Mann, der den Mord beging (1931), mit Conrad Veidt, Heinrich George (Regie: Kurt Bernhardt)

Liebe, Tod und Teufel (1934), mit Albin Skoda, Brigitte Horney, Käthe von Nagy (Regie: Heinz Hilpert)

Das Mädchen Johanna (1935), mit Angela Salloker, Gustaf Gründgens, Heinrich George, Willy Birgel (Regie: Gustav Ucicky)

Schlußakkord (1935/36), mit Lil Dagover, Willy Birgel, Maria Koppenhöfer (Regie: Detlev Sierck)

Die letzten Vier von Santa Cruz (1936), mit Irene von Meyendorff, Hermann Speelmans (Regie: Werner Klingler)

Der Hund von Baskerville (1937), mit Peter Voss, Fritz Odemar, Friedrich Kayßler (Regie: Carl Lamač)

Tango Notturno (1937), mit Pola Negri, Albrecht Schoenhals, Waldemar Leitgeb (Regie: Fritz Kirchhoff)

Das Geheimnis um Betty Bonn (1938), mit Maria Andergast, Theodor Loos, Hans Nielsen (Regie: Robert A. Stemmle)

Die vier Gesellen (1938), mit Ingrid Bergman, Carsta Löck, Ursula Herking, Hans Söhnker (Regie: Carl Froelich)

Schneider Wibbel (1939), mit Fita Benkhoff, Theo Lucas, Irene von Meyendorff (Regie: Viktor de Kowa)

Hallo Janine (1939), mit Marika Rökk, Rudi Godden, Johannes Heesters (Regie: Carl Boese)

Der Feuerteufel (1940), mit Maria Holzmeister, Luis Trenker, Fritz Kampers, Ernst F. Fürbringer (Regie: Luis Trenker)

Die Rothschilds (1940), mit Carl Kuhlmann, Gisela Uhlen, Hilde Weißner (Regie: Erich Waschneck)

Kleider machen Leute (1940), mit Heinz Rühmann, Hertha Feiler, Hilde Sessak, Aribert Wäscher (Regie: Helmut Käutner)

Das Fräulein von Barnhelm (1940), mit Käthe Gold, Fita Benkhoff, Ewald Balser (Regie: Hans Schweikart)

Das Herz der Königin (1940), mit Zarah Leander, Willy Birgel, Will Quadflieg, Lotte Koch (Regie: Carl Froelich)

Ich klage an (1941), mit Heidemarie Hatheyer, Paul Hartmann, Mathias Wiemann (Regie: Wolfgang Liebeneiner)

Leichte Muse (Was eine Frau im Frühling träumt) (1941), mit Adelheid Seeck, Willy Fritsch, Ingeborg von Kusserow, Paul Hoffmann (Regie: Arthur Maria Rabenalt)

Das andere Ich (1941), mit Hilde Krahl, Mathias Wiemann (Regie: Wolfgang Liebeneiner)

Die Nacht in Venedig (1942), mit Lizzi Waldmüller, Heidemarie Hatheyer, Paul Henckels (Regie: Paul Verhoeven)

Der Fall Rainer (1942), mit Luise Ullrich, Paul Hubschmid (Regie: Paul Verhoeven)

Der große Schatten (1942), mit Heidemarie Hatheyer, Heinrich George, Will Quadflieg (Regie: Paul Verhoeven)

Die beiden Schwestern (1943), mit Marina von Dittmar, Gisela Uhlen, Ida Wüst, O. W. Fischer (Regie: Erich Waschneck)

Die Feuerzangenbowle (1943/44), mit Heinz Rühmann, Paul Henckels, Hans Leibelt (Regie: Helmut Weiß)

Philharmoniker (1944), mit Eugen Klöpfer, Will Quadflieg, Irene von Meyendorff (Regie: Paul Verhoeven)

Der Engel mit dem Saitenspiel (1944), mit Hertha Feiler, Hans Söhnker (Regie: Heinz Rühmann)

Am Abend nach der Oper (1944), mit Gusti Huber, Siegfried Breuer (Regie: Arthur Maria Rabenalt)

Das kleine Hofkonzert (1944), mit Elfie Meyerhofer, Hans Nielsen, Paul Henckels, Hans Leibelt (Regie: Paul Verhoeven)

Film ohne Titel (1947), mit Hildegard Knef, Hans Söhnker, Willy Fritsch, Peter Hamel (Regie: Rudolf Jugert)

Zwischen gestern und morgen (1947), mit Sybille Schmitz, Viktor de Kowa, Willy Birgel (Regie: Harald Braun)

Liebe 47 (1948), mit Hilde Krahl, Karl John, Albert Florath, Alice Verden (Regie: Wolfgang Liebeneiner)

Die kupferne Hochzeit (1948), mit Hertha Feiler, Peter Pasetti (Regie: Heinz Rühmann)

Der dritte Mann (1949), mit Orson Welles, Joseph Cotton, Alida Valli, Siegfried Breuer, Ernst Deutsch (Regie: Carol Reed)

Schicksal aus zweiter Hand (1949), mit Marianne Hoppe, Ernst Wilhelm Borchert (Regie: Wolfgang Staudte)

Hans im Glück (1949), mit Gertrud Kückelmann, Gunnar Möller (Regie: Peter Hamel)

Frauenarzt Dr. Prätorius (1950), mit Valerie von Martens, Curt Goetz, Bruno Hübner (Regie: Curt Goetz)

Herz der Welt (1951), mit Hilde Krahl, Werner Hinz (Regie: Harald Braun)

Die große Versuchung (1952), mit Ruth Leuwerik, Dieter Borsche (Regie: Rolf Hansen)

Hokuspokus (1953), mit Valerie von Martens, Curt Goetz (Regie: Kurt Hoffmann)

Keine Angst vor großen Tieren (1953), mit Heinz Rühmann, Gustav Knuth, Maria Paudler (Regie: Ulrich Erfurth)

Das fliegende Klassenzimmer (1954), mit Paul Dahlke, Paul Klinger, Erich Kästner als Erzähler (Regie: Kurt Hoffmann)

Sauerbruch – Das war mein Leben (1954), mit Ewald Balser (Regie: Rolf Hansen)

Himmel ohne Sterne (1954/55), mit Eva Kotthaus, Erik Schumann, Horst Buchholz, Lucie Höflich (Regie: Helmut Käutner)

Robinson soll nicht sterben (1956), mit Romy Schneider, Horst Buchholz, Mathias Wiemann (Regie: Josef von Baky)

Literatur

Adolph, Paul: Vom Hof- zum Staatstheater. Zwei Jahrzehnte persönlicher Erinnerungen an Sachsens Hoftheater, Königshaus, Staatstheater und anderes. Dresden 1932 (Verlag C. Heinrich, Dresden-N)

Aufricht, Ernst Josef: Erzähle, daß du dein Recht erweist. Aufzeichnungen eines Berliner Theaterdirektors. Frankfurt/Main, Berlin 1966 (Ullstein GmbH)

Dittmann, Uta (Hrsg.): Sein oder Nichtsein? Theatergeschichten. Staatsschauspiel Dresden 1913 bis heute. Festschrift zur Wiedereröffnung des Schauspielhauses 1995. Staatsschauspiel Dresden

300 Jahre Dresdner Staatstheater. Berlin 1967 (Henschelverlag)

Hausmann, Manfred: Allem danke ich und allen: Begegnungen mit Manfred Hausmann. Prosa, Briefe, Gedichte. Berlin 1983 (Evangelische Verlagsanstalt)

Hellberg, Martin: Die bunte Lüge. Erinnerungen eines Schauspielers. Berlin 1974 (Henschelverlag)

Kummer, Friedrich: Dresden und seine Theaterwelt. Dresden 1938 (Verlag Heimatwerk Sachsen v. Baensch-Stiftung)

Künstlerbuch der Sächsischen Staatstheater zur I. Reichs-Theaterfestwoche in Dresden (1934). Im Auftrage der Generalintendanz, hrsg. von Dr. Alexander Schum (Buchdruckerei der Wilhelm und Bertha v. Baensch-Stiftung, Dresden-A)

Mätje, Ingeburg: »Ist alles vorbei, fängt alles an.« Aus der Geschichte des Schauspiels in Dresden. Staatsschauspiel Dresden 1988

Melchinger, Siegfried/Rosemarie Clausen: Schauspieler. Sechsunddreißig Portraits. Velber b. Hannover 1965 (Friedrich-Verlag)

Schneider, Hansjörg: Hoffnung zwischen Trümmern. Dresdner Theater nach 1945. Dresden 1999 (Hellerau-Verlag)

Ulischberger, Emil: Schauspiel in Dresden. Ein Stück Theatergeschichte von den Anfängen bis in die Gegenwart in Wort und Bild. Berlin 1989 (Henschelverlag)

Weinschenk, Harry Erwin: Wir von Bühne und Film. Berlin 1939 (Limpert-Verlag)
Wiesmann, Sigrid: Erich Ponto. Die Sprache des Menschen durch die Maske. Diss. Phil. Wien 1967

Quellennachweis

de Kowa, Viktor: Als ich noch Prinz war von Arkadien. Nürnberg 1955 (Verlag Glock und Lutz)
Fröbe, Gert: Auf ein Neues, sagte er ... und dabei fiel ihm das Alte ein. Geschichten aus meinem Leben. München, Hamburg 1988 (Albrecht Knaus) © Karin Fröbe, Eurasburg
Herking, Ursula: Danke für die Blumen. 1982. © C. Bertelsmann Verlag, München, in der Verlagsgruppe Bertelsmann GmbH
Peymann, Claus/Hermann Beil: Gespräch mit Edith Heerdegen. Programmbuch Nr. 16 zu Thomas Bernhards »Weltverbesserer«. Schauspielhaus Bochum 1981/82
Rühmann, Heinz: Das war's. Frankfurt/Main, Berlin, Wien 1982. © Ullstein GmbH
Schäfer, Walter Erich: Bühne eines Lebens. Erinnerungen. © 1975 Deutsche Verlags-Anstalt GmbH, Stuttgart

Die Äußerungen von Klaus Ponto, Paul Hoffmann und O. E. Hasse sind einer Gedenksendung des
SWR» Südwestrundfunks Stuttgart
zum 80. Geburtstag von Erich Ponto 1964 entnommen.
Die autobiografische Skizze Erich Pontos
entstammt der Festschrift
»Fünfzig Jahre Reichenberger Stadttheater« (1933).

Danksagung

Die Entstehung dieses Bandes wäre nicht möglich gewesen ohne die Unterstützung durch Archive, Bibliotheken, Theater und Einzelpersonen. Allen, die dem Verfasser hilfreich waren, sei hiermit herzlich gedankt. Das gilt insbesondere für die Sächsische Landesbibliothek, Staats- und Universitätsbibliothek Dresden und deren Abteilung Deutsche Fotothek, die Staatsbibliothek in Prag (Národní knihovna v Praze), die Zeitungsabteilung der Staatsbibliothek – Preussischer Kulturbesitz Berlin, das Archiv der Stadt Dresden, die Archive des Staatsschauspiels und der Staatsoper Dresden, die Münchner Kammerspiele, das Staatstheater Stuttgart, das Schillertheater NRW Wuppertal, das Bertolt-Brecht-Archiv der Stiftung Archiv der Akademie der Künste Berlin-Brandenburg, das Otto-Suhr-Institut der Freien Universität Berlin und den Henschel Verlag. Dank schuldet der Verfasser ferner Frau Margarete Schicketanz, den Herren Claus Peymann, Hermann Beil, Matthias Braun, Erdmut Wizisla, Berlin, und in ganz besonderem Maße Frau Eva Doering-Ponto, Wesseling-Urfeld, ohne deren Engagement für dieses Buch durch Bereitstellung von Materialien der verschiedensten Art und die Ermöglichung der Einsichtnahme in persönliche Dokumente so mancher Lebensabschnitt Erich Pontos lückenhaft geblieben wäre.

Bei der Sichtung der Materialien, der Durchsicht von Zeitungen, oft mit langwierigem Exzerpieren verbunden, und der Aufzeichnung von Gesprächen war mir meine Frau eine unentbehrliche Helferin.

Abschließend der Hinweis, dass der Band nicht hätte erscheinen können ohne die finanzielle Unterstützung durch die Kulturstiftung Dresden der Dresdner Bank.

Berlin, im Juli 2000   *Hansjörg Schneider*

171

Personenregister

(ohne Anhang)